ハヤカワ文庫 NF
〈NF476〉

それでもなお、人を愛しなさい

人生の意味を見つけるための逆説の 10 カ条

ケント・M・キース
大内　博訳

HAYAKAWA NONFICTION

7853

THE PARADOXICAL COMMANDMENTS
Finding Personal Meaning in a Crazy World
by
Kent M. Keith

Translated by
Hiroshi Ôuchi
Published 2016 in Japan by
HAYAKAWA PUBLISHING, INC.
This book is published in Japan by
arrangement with
INNER OCEAN PUBLISHING
c/o JELLINEK & MURRAY LITERARY AGENCY
through TUTTLE-MORI AGENCY, INC., TOKYO.

妻のエリザベスと、
私たちの子ども
クリスティーナ、
スペンサー、
アンジェラに捧げる

目次

それでもなお、人を愛しなさい

人生の意味を見つけるための逆説の10ヵ条

序 文

本書のもっとも重要なポイントは、多くの人にとって役に立つということでしょう。特に、著者であるケント・キースにとって、それが当てはまります。彼は自らの言葉どおり実行に移す人です。ケントにとって、また、すべての人にとって本書を意味深いものにしているのは、この有言実行という信憑性(しんぴょうせい)です。

はじめてケントに会ったとき、「逆説の10ヵ条」を書いたのが彼であるとは知りませんでした。それがわかったいま、さもありなんと感じています。私とケントは人生や仕事についてずいぶん話し合ってきましたが、ケントはいつも人として生きることの意味を強調します。そして、その意味をどこで見つけるかが常に明確なのです。その結果として、ケントはきわめて難しく、リスクの高い仕事を引き受けてきました。それと同時に、ケントは昔ながらの人生のパターンや仕事のパターンから脱けだす勇気をもった人でもあります。

あるとき相談を受けてずいぶん長い間話し合ったことがあります。その話の後、ケントは自分の心に従って、名誉と権力とお金を得られる地位を退く決断を下しました。勉強と思索のために、家族と時間を過ごすために、大学の学長を辞めたのです。そして、より強い使命感と目的をもってケントは再び姿を現わしました。本書を携えて姿を現わしたのです。

執筆と講演にもっと時間をとるべきだと、私はケントに言い続けてきました。そしていま、ケントは人として生きる意味を見つけるための思いと体験を、本書の中で分かち合っています。これはケントの得意技です。本書はわかりやすく、説得力があり、しかも、深遠です。思いがけない形であなたの心は動かされるでしょう。一番大切なことは、生きる意味に満ちた人生を送るにはどうすればよいのか、その指針を与えてくれることです。ケントが語っているように、そういう人生こそもっとも生きる価値のある人生なのですから。

スペンサー・ジョンソン
(『チーズはどこへ消えた?』の著者)

はじめに

ハーバード大学二年、十九歳のときに、「リーダーシップのための逆説の10カ条」を書きました。高校の自治活動で活躍しているリーダーたちのために書いた、『静かなる変革――生徒会におけるダイナミックなリーダーシップ』という小冊子の一部でした。この小冊子は一九六八年に、ハーバード大学学生部によって出版されました。数年後に、改訂版が全国高等学校校長会によって出版されました。一九六〇年代後半から七〇年代前半にかけて、およそ三万部売れたのではないかと思います。

学園が荒れ狂った六〇年代、私は八つの州を行き来し、高等学校や、生徒のリーダーシップのためのワークショップ、生徒会リーダーの会議などで積極的に講演活動をしていました。講演の中で、私は体制を通して変革を達成するべきだと語りかけました。体制を通じて簡単に変革を起こせるなどと言ったわけではありません。持続的な努力が必要だと私は言いました。そして、持続的に努力するには、他の人のためを心から思う気持ちが動機にならなければならないと言いました。この点を特に強調しました。というのは、高邁な理想に燃えてはりきって自治活動を始めた高校生が、マイナスのフィードバックを受けたり、失敗を経験したりして、やめてしまうケースをあまりにも多く見ていたからです。しかし、他の人のことを心から思う気持ちがあれば、状況がいかに厳しくてもやり続ける気力がでるからです。

「逆説の10カ条」は、いわば一つの挑戦として書いてみたものです。その挑戦とは、仮に他の人たちがそれを良いこととして評価してくれなくても、正しいことを、良いことを、真実であることを常に実行してみませんかという挑戦です。この世界をより住みやすい場所にするという仕事は、他人の拍手喝采に依存できるものではありません。何が何でもそのための努力を続けなければなりません。なぜなら、あなたがそれをしなければ、この世界でなされるべきことの多くは永久に達成されないからです。たくさんの言い訳を聞いたものです。しかし、私はそうした言い訳には納得しませんでした。確かに、人は不合理かもしれない。わからず屋でわがままかもしれない。それがどうだと言うのでしょうか。それでも私たちは人を愛さなければなりません。あなたが今日何か良いことをしても、明日になったら忘れられてしまうかもしれません。それがどうだと言うのでしょうか。それでも良いことをしなければなりません。

この10ヵ条は、私自身の体験と観察から生まれました。この10ヵ条を書くきっかけになったいくつかの出来事があるのですが、それについては本文の中で説明してあります。しかし一つだけ例を挙げるとすれば、高校三年の終わりに行なわれた生徒の表彰式に出席するために体育館に足を踏み入れたときにひらめいた洞察があります。その瞬間、三年生として達成したことや学んださまざまな事柄、そして、私が力を貸すことができた人たちのことを思って非常な満足感を覚え、表彰してもらう必要などないと感じたのです。**私はすでに報われていました。**立派に仕事をやってのけたことから生まれる充実感と満足感をすでに体験していたのです。表彰されようとされまいと、充実感と満足感がありました。

この思いは私にとって大きな転機となるものでした。完璧な解放感、そして、完璧なやすらぎを感じました。正しいこと、良いこと、真実であることを実践すれば、その行動自体に価値がある。そのことに意味がある。栄光など必要ではないと悟ったのです。

それから、二十五年、仕事を続け、講演や著述活動を行なってきましたが、「逆説の10カ条」について耳にすることはありませんでした。六年前のある日、ホノルル警察署の署長、マイケル・ナカムラから電話がかかってきました。「本土で警察署長の会議にでたときに、講演者の一人がケント・キースの〝リーダーシップのための逆説の10カ条〟というのを読み上げたのですが、あなたがそのケント・キースさんですか」そうですと私は答えました。その一年後、シャミネード大学の図書館司書がインターネットで見つけた「逆説の10カ条」のプリントアウトを見せてくれました。インターネットで図書館司書の間に流布していたのです。それから数カ月後、南カリフォルニア大学の教授であるフラン・ニューマン博士が、特別講義のためにホノルルにやってきました。彼女は学生に「逆説の10カ条」を配って、こう言ったのです。「大学院の最初の授業では、いつもこれを使うことにしています」

一九九七年九月、マザー・テレサが亡くなってまもなくのこと、私はロータリー・クラブの会合に出席していました。ロータリーの会合では、誰かが、詩、祈り、その日の感慨などを分かち合うことから始めるのが通例です。その日は、仲間のロータリアンの一人がマザー・テレサが亡くなったことについて言及した後で、マザー・テレサが書いた詩を朗読したいと言いました。頭を下げて立っていた私の耳に聞き覚えのある言葉が聞こえてきました。後で彼のところに行き、どこでその詩を見つけたのか聞いてみると、マザー・テレサについて書かれた本の中にあるとのことでした。

翌日の夜、書店に行き、マザー・テレサの一生や活動について書かれた本の棚を探してみると、ありました。ルシンダ・ヴァーディが編纂した『マザー・テレサ語る』という本の最後のページに載っていました。詩のタイトルは「それでも」というもので、私が一九六八年に出版した10カ条のうちの八つがありました。言葉は詩らしくするためにフォーマットが変わっていましたが、まったく同じものです。作者の名前は掲載されていませんでしたが、ページの一番下に、「カルカッタの〈孤児の家(シシュ・バヴァン)〉の壁に書かれた言葉」と記されていました。

書店に立ち尽くした私の背筋がぞくぞくしました。信じられないような瞬間でした。私が三十年前に書いたものがインドにたどり着いて、マザー・テレサか、あるいは、彼女の仲間の一人がその言葉の重要性を認めてくれたのです。子どもたちの面倒を見ていくに当たって、壁に貼って毎日見るだけの重要性があると考えてくれたのです。私は深く感動しました。マザー・テレサのスピリチュアルなあり方と活動に対しては深い尊敬の念を抱いていました。孤児院についても多少の知識はもっていました。というのは、妻と私は日本とルーマニアの孤児院から三人の子どもを養子に迎えているからです。

ロータリーの会合の数週間後、この10カ条の話をしようと教区の牧師であるドン・アスマン師のところに行くと、彼のオフィスの机の上に『マザー・テレサ語る』が置かれていました。つい最近プレゼントされたばかりだということでした。私は本を開き、詩が書かれているページを見せながら、事情を話しました。それから、この本をカリフォルニアに住んでいる姉のモナに送ったのですが、彼女は私立学校で教えている娘のリサにも回してくれました。リサは驚きました。「逆説の10カ条」のことを知っていたのです。職員室のラウンジの壁に貼ってあったのです。

「逆説の10カ条」が世界に広まって、二十五年後にさまざまな形で私のところに戻ってきはじめたのです。不思議な感じに打たれました。人々はいま、これまでもそうであったように、生きることの意味とスピリチュアルな真実に飢えているということを暗示しているように思われました。また、「逆説の10カ条」について、人々はもっと知りたがっているのではないかとも思われました。

本書はもっと知りたい人のために書かれました。「逆説の10カ条」とは何を意味するのか、その背後にはどのような物語や考えがあるのか、それらの考えに基づいて生きるとはどういうことなのかといった質問に答える本です。世界がどんなに狂っていたとしても、人は人間としての意味を見つけることができると私は確信しています。同時に、他人から認めてもらうことや拍手喝采を受けることに心の焦点を合わせる代わりに、人間としての意味に焦点を絞って逆説的な人生を生きたなら、この世界はもっと意味のあるものになるだろうことも確信しています。自分の人生に意味を発見する中で、私たち一人ひとりが、この世界をすべての人にとってより住みやすい場所にすることができると思うのです。

二〇〇一年　ハワイ州ホノルルにて

ケント・M・キース

第1部　おかしな世界

It's a Crazy World

おかしな世界

この世界は狂っているということをまず認める、そこから始めるのが最善です。この世界はまったくどうかしています。

環境汚染によって私たちは自分たちの首をしめています。生態系はすべて衰退しています。人口は地球がサポートできないようなスピードで増加の一途をたどっています。私たちは、まるで資源が永続するかのようにふるまい、資源を補おうとも、持続可能な未来を築こうともしていません。

核軍縮は進んだものの、いまだに何万個という核弾頭が地球に存在しています。これは地球上に存在する男性、女性、子どものすべてを三回か四回殺すに充分な数です。わずか百個の核爆弾が都会の頭上で爆発しただけでも、太陽光をさえぎり地上のあらゆる生命体を死に至らせるだけの暗雲が生まれるのですから。

現在、地球上のすべての人が充分なカロリーを得られるだけの食物が生産されています。しかし、毎年、何十万という人々が餓死し、十億人以上の人々が深刻な栄養失調の状態にあります。

何百万という人々が治療可能な病気にかかっています。推定では、七億人が回虫、十二指腸虫、鞭虫などの寄生虫に悩まされています。貧困にあえぐ国々は、ポリオやはしか、黄熱病などを予防するためのワクチンを買ったり、結核やハンセン病と戦うための薬を分配するだけの経済力がありません。貧しい国々の八千万の子どもの中で、ジフテリア、百日ぜき、破傷風に対して免疫をもっているのは八百万人に過ぎません。熱帯地域の国々では、二千五百万の人々が予防可能な病気が原因で失明していると推定されています。

アメリカ合衆国は世界でもっとも豊かな国ですが、一千百万人以上の子どもは貧困ラインよりも低いレベルでの生活を余儀なくされています。貧困ラインよりも低いところで生活している五歳以下の子どもの数は、一九八〇年から一九九〇年にかけて二十三パーセントの増加を見せました。

未来は子どもにかかっていると私たちは口では言いますが、子どもとたくさんの時間を一緒に過ごすことはしません。親が子どもと意味のあるかかわりの中で過ごす時間は一日数分間ですが、子どもがテレビを観て過ごす時間は数時間になります。家庭でできないことを学校がやってくれることを期待していますが、学校の先生に払う給料はプロのスポーツ選手に払う報酬に比べたらスズメの涙でしかありません。毎年、卒業証書の字も読むことができない何十万人もの若者が高校を卒業していきます。

私たちは十代の若者たちを世の中から切り離し、学校という建物の中に隔離しています。若者にほとんど何の責任ももたせず、まして、彼らに何かを要求することなどありません。自分には能力がある、所属する場所があると感じさせてくれる大人の社会から切り離された彼らは、疎外感を味わい、帰属意識を与えてくれるギャングの仲間になろうとしたりします。一九八〇年代、アメリカではのべ十三万五千人以上の子どもたちが銃をもって登校したと推定されています。その結果として学校での集団殺傷事件が起こると、アメリカ国民は悲しみにくれるのです。

アメリカは訴訟社会です。一年間に一億件もの訴訟が行なわれているのですから。これらの訴訟の中には、自分自身の行動に責任があると考えない個人によって起こされるものもあります。間違ったことをしたときですら、他人を訴え、その結果金持ちになることもあるのです。

一方で、妻や夫を裏切った人、子どもを裏切った人、殺人を犯した人、窃盗を働いた人、麻薬をやっている人など、常軌を逸したことをしている人たちが、テレビのトークショーのゲストになってテレビに出演しています。中にはそのような体験を本にしたり、テレビや雑誌、映画などに話を売ったりして、莫大なお金を得ている人もいます。

能力によって人を評価することを基準にした国を築きたいと、私たちは思っています。しかし、実際には、何を知っているかよりも、誰を知っているかのほうがより重要であることが多いのです。平等な社会を目指していると口では言いますが、人種的、民族的に少数派の人たちは平等を求めて戦ってこなければなりませんでしたし、平等はまだ達成されていません。

これまで人類のために役立ってきた知恵から、多くの人たちが逸脱しています。中には、すべてのことは相対的であり、主観的であるという結論を下している人もいて、どんなことにも意味はなく、人生は空虚で意味がないと不平を言います。

確かに、この世界は狂っています。あなたにとってこの世界が意味をなさないと言うのなら、それはあなたの言うとおりです。**この世界はまったく意味をなしていません。**

大切なことは、それについて不平を言うことではありません。希望をすてることでもありません。それはこういうことです。世界は意味をなしていません。しかし、**あなた自身**は意味をなすことが可能なのです。あなた自身は一人の人間としての意味を発見できるのです。それがこの本のポイントです。これは、狂った世界の中にあって人間としての意味を見つけるための本です。

この世界は狂っていますが、あなたは狂っていません。だから、あなたは逆説の中に人間としての意味を見出すことができるでしょう。「逆説」とは皆が信じている意見とは対照的な考えであり、常識と矛盾しているようでありながら真実であるものです。私はここに、生きる意味を見つけるための逆説の10ヵ条を記します。

この10ヵ条を受け入れることができれば、あなたは自由の身になるでしょう。この世界の狂気から自由になるということです。逆説の10ヵ条はあなた個人の独立宣言といってよいかもしれません。壁に貼って、あなたが自由であることを思いだすためのよすがにしてください。これから死ぬまでのあいだ、正しいと思うこと、良いと思うこと、真実であると思うことを、**あなたにとって**それは意味があるというただそれだけの理由で、実行することは可能です。

逆説の10ヵ条は病的でもなければ、悲観的でもありません。正しいこと、良いこと、真実であることを実行すれば、多くの場合その貢献に対して感謝されるでしょう。しかし、世の中の拍手喝采がなくとも人間としての意味を見出すことができるならば、あなたは自由な人です。他の人が感謝の気持ちをもとうがもつまいが、自分にとって意味があることを実行する自由が、あなたにはあるからです。本当の自分でいる自由があなたにはあります。本来あるべき自分になる自由が、あなたにはあります。他の人たちが見逃している意味を発見する自由があなたにはあります。その意味を発見したとき、これまで体験したどんな幸せよりも深い幸せが見つかることでしょう。

逆説の10ヵ条は生きる意味への呼びかけです。狂った世界の中に人間としての意味を発見しようという呼びかけです。本書で逆説の10ヵ条の意味を探究し、逆説的な人生を送る方法について語りたいと思います。

逆説の10カ条

1 人は不合理で、わからず屋で、わがままな存在だ。
それでもなお、人を愛しなさい。

2 何か良いことをすれば、
隠された利己的な動機があるはずだと人に責められるだろう。
それでもなお、良いことをしなさい。

3 成功すれば、うその友だちと本物の敵を得ることになる。
それでもなお、成功しなさい。

4 今日の善行は明日になれば忘れられてしまうだろう。
それでもなお、良いことをしなさい。

5 正直で率直なあり方はあなたを無防備にするだろう。
それでもなお、正直で率直なあなたでいなさい。

6
もっとも大きな考えをもったもっとも大きな男女は、
もっとも小さな心をもったもっとも小さな男女によって
撃ち落とされるかもしれない。
それでもなお、大きな考えをもちなさい。

7
人は弱者をひいきにはするが、勝者のあとにしかついていかない。
それでもなお、弱者のために戦いなさい。

8
何年もかけて築いたものが一夜にして崩れ去るかもしれない。
それでもなお、築きあげなさい。

9
人が本当に助けを必要としていても、
実際に助けの手を差し伸べると攻撃されるかもしれない。
それでもなお、人を助けなさい。

10
世界のために最善を尽くしても、
その見返りにひどい仕打ちを受けるかもしれない。
それでもなお、世界のために最善を尽くしなさい。

第2部　逆説の10カ条

The Paradoxical Commandments

第1章　人は不合理で、わからず屋で、わがままな存在だ。それでもなお、人を愛しなさい。

チャールズ・シュルツの漫画、『ピーナッツ』の主人公の一人、ルーシーが言ったことばがあります。「私、人類は大好きなんだけど、がまんできないのは人なのよ」

人は確かに一筋縄(ひとすじなわ)ではいきません。簡単には好きになれない人もいます。中には、あまりにも不合理で、わからず屋で、わがままで、がまんできないような人もいます。

しかし、それでも、私たちはそういう人を愛すべきです。

与えるにしても、受けとるにしても、愛ほどすばらしい贈り物はないのですから。

愛情こそは、すべての人が与える必要のある贈り物であり、受けとる必要がある贈り物です。愛のない人生なんて、百パーセントの人生とは言えません。愛を制限すれば、人生を制限することになります。

心理学者のアブラハム・マズローは「人間の成長にとって、愛はビタミンやミネラル、たんぱく質と同じくらい不可欠である」と言っています。人間は愛を燃料として動くものだと私は信じています。そういうふうにできているのです。愛を与え、愛を受けとっていなければ、エンジンが全開しているとは言えません。本来の自分になっていません。自分がもっている可能性をすべて体現した状態になっていません。できることをすべてやっている状態ではありません。

私たちは同意してもらえないからといって、人を愛さないことにしようと決めることがあります。あるいは、この人は不合理な人だ、わからず屋だ、わがままな人だ、だからこの人は愛する価値がないと決めつけたりします。これは悲劇です。なぜ悲劇かというと、愛は、他人に同意してもらえるかとか、愛する価値があるかという問題ではないからです。愛とはそのようなものではありません。

誰にでも欠点や短所はあります。誰でも怒りたくなったり、弱さをさらけだしたり、誘惑に負けたりするのです。誰だって、しなければよかったと後悔するようなことをした経験があるでしょう。人間は誰からも同意してもらえる行動を常にとるわけではありません。したがって、常に人に愛される価値があるというわけにはいきません。同意してもらったとか、愛する価値があるということが愛情の前提条件であったら、世の中には愛情はほとんどなくなってしまうのではないでしょうか。

最高の愛は無条件の愛です。欠点があっても短所があっても、愛し、愛される、それが無条件の愛です。もちろん、成長してもっと良い人間になろうと努力しなければなりません。しかし、成長してもっと良い人間になりたいという願望や勇気の源は、愛すること、そして、愛されることなのです。

一緒にいるだけでいらいらするような知人は誰にでもいるものです。いつも何かを必要としていて、いろいろと要求が多いタイプの人です。何を言っているのか訳がわからないことも多く、無分別な人です。自分のことばかり考えているように見えます。実際自分のことばかり考えているのかもしれません。しかし、私たちがそういう人を愛することができたら、その愛を感じて、最高の何かがその人の中から現われでてくるかもしれません。愛には人を変え、人を愛すべき存在にする力があります。詩人のセオドア・レトキが言っているように、「愛は愛を生む」のです。

私の大好きな映画の一つに、ハンフリー・ボガートとキャサリン・ヘプバーン主演の『アフリカの女王』があります。二人は迫りくるドイツ軍から逃れるべくボガートのボート、アフリカン・クイーン号に乗って川を下るのですが、ボガートは野卑そのもので、ヘプバーンはと言えば、つんと取りすました女性です。ヘプバーンはボガートがジンを飲むのが気に入らず、ボトルを全部川に捨ててしまいます。ボガートは彼女に説教されるのに辟易して、ボートに乗せたことを後悔します。しかし、徐々に、ドイツ軍から逃れたいという共通の願望の中で絆が強まっていきます。苦しみに耐え、お互いをいたわり合う気持ちができて、しまいには愛し合うようになります。二人はまったく違った人になってしまうのです。旅が始まったときには、二人とも相手のことを不合理で、わからず屋で、わがままな人だと思っていました。旅の途中でそれが一変するのです。二人は、アフリカン・クイーン号にボガート手製の魚雷を据えつけ、ドイツ軍の砲艦を撃沈しようとしますが、嵐に船を転覆させられ、とうとう砲艦のドイツ人に捕らえられます。二人は即刻死刑を言いわたされますが、絞首刑の直前、ボガートの最後の頼みが聞き入れられ、砲艦の艦長が司祭役をつとめて二人を結婚させます。二人の顔には愛情がこぼれんばかりに輝いています。そんなとき、転覆して半ば沈みかけたアフリカン・クイーン号の魚雷が、砲艦に接触するのです。

時として、人は論理的でなく、物わかりが悪いように見えることがありますが、実はただ異なった論理を使っているだけだったり、違った考え方をしているだけだったりするものです。異なった世界観が原因かもしれません。これまでの経験の違いかもしれません。あるいは、私たちが見ている事実とは別な事実が見えているのかもしれません。

小学生のときに次のような話を読んだことがあります。眼の見えない人たちが何人か象の周りに立っています。一人が象の鼻に触って、象はホースみたいなものだと言います。一人は象の脚の周りに腕をまわして、象は樹木のようだと言います。もう一人は象の腹に触れて、象は壁のようなものだと言います。さらにもう一人が尻尾に触って、象はロープのようなものだと言います。こういう具合に話は進展するのですが、誰もが正しく、誰もが間違っています。自分が触った部分については正しかったわけですが、全体を見ていないのでそこで間違えています。すべての部分を一緒にして、はじめて象の本当の姿が見えてくるのです。

この物語を読んでからというもの、私はこう考えるようにしてきました。「不合理で物わかりが悪い人」の中には、象の別な部分に手を置いているだけの人もいるかもしれない。こういう簡単なことわざもあります。「すべての質問には三つの答えがある。あなたの答え、私の答え、そして、正しい答え」

愛という贈り物を与えてください。受けとってください。そうすることによって得られる限りない意味を楽しんでください。他の人が「扱いにくい」からといって愛することをやめてしまうのはもったいない話です。そんなことをするには、愛はあまりにも大切すぎます。あなただって、私だって、そういう人と同じくらい「扱いにくい」ことが多いのですから。

人は不合理で、わからず屋で、わがままな存在だ。

それでもなお、人を愛しなさい。

第2章　何か良いことをすれば、

隠された利己的な動機があるはずだと
人に責められるだろう。
それでもなお、良いことをしなさい。

高校二年生、十五歳のときにこの教訓を学びました。

私は生徒会に関心がありました。私が通っていた高校には生徒代表者会議があって、これは各ホームルームで選出された代表で構成されていました。生徒代表者会議では生徒会の役員が司会を務めることになっていました。各学年ごとに役員がいて、彼らはジュニア・プロム（ダンスパーティー）のようなクラスの活動の計画を立てるために会合を開いていました。

私が二年生のときに、生徒会の役員たちは生徒代表者会議を廃止して、学年の役員と生徒会の役員からなる小規模な委員会をつくろうとしました。こうすることで、各学年の委員会と生徒会が統一のとれたものとなり、すべてが効率的になると彼らは主張しました。これによって大きな改善が達成できると彼らは真面目に信じたわけです。

この再編計画に私は不安を覚えました。生徒代表者会議は約六十五人のメンバーからなる広い基盤をもったグループでした。新しい委員会の人数はわずか二十人です。私にとっては、生徒代表者会議は草の根的な活動と民主主義の象徴だったのです。新しい委員会ができれば生徒の参加者の数は三分の二以上も減ることになります。それはエリートのグループで、一種の寡頭政治です。二十人の生徒が二千四百人の生徒を代表するのですから。

この再編成を進めるためには生徒会の規約を変えなければなりません。それで全生徒による選挙が必要になるというわけで、校内のリーダーたちは熱心に話を始めました。彼らがこの計画を提示したとき、私は反対意見を述べました。生徒会長がこの計画を支持するスピーチをしたとき、私は反対論のために同等の時間をもらうことを要求し、それを与えられました。学校新聞が再編計画を支持する論説を掲載したとき、私はそれを批判する手紙を書きました。数週間のあいだ、この新しい計画にあえて公然と反対したのは私だけだったのです。

私の批判に校内のリーダーたちはいらいらしました。彼らは生徒の中の「人気グループ」で、校内の主流派的な存在です。反対されることなどなかったのです。私は彼らの嘲笑や、軽蔑的な言葉や、侮辱（ぶじょく）に耐えなければなりませんでした。彼らは私の授業時間割を調べて、私が受けている授業に乗り込んできて、授業担当の先生に私とその場で議論をしたいと申しでたりしました。何の先触れもなしにです。一度、ある先生はそれを認めました。再編計画を支持する生徒の中には、お昼休みの時間にピケを張る者もでてきました。彼らが学校の前で円陣をつくって掲げた垂れ幕は再編計画を支持するだけでなく、私を個人攻撃するものでした。生徒の中の「人気グループ」の中では、私は「好ましからぬ人物」だったのです。

二、三週間たつうちに、五、六人の生徒がこの計画に公（おおやけ）に反対する決意をしました。この問題に対する意識が校内で高まっていきました。最終的に、この問題についての投票を行なう前に、生徒総会を開いて討論することが決定されました。講堂の舞台に二つのテーブルが設けられて、それぞれのテーブルに数人の発言者が着席していました。私は反対弁論のリーダー役を務めました。総会は一時間足らずで終了しましたが、私たちの意見を理解してもらうのにはそれで充分でした。

開票の結果、再編計画は千七百票対四百票で否決されました。驚くべき勝利でした。生徒代表者会議は廃止されず、小規模な委員会は設置されないことになったのです。それから数ヵ月後、生徒会長があの再編計画は間違いだったと私に認めました。失敗に終わってよかったと彼女は私に言いました。

高校二年生になってまだ二ヵ月しかたっていなかった私が、校内のリーダーを相手にして戦うのは勇気のいることでした。私だけが反対の声を上げていた最初の数週間は非常に孤独でした。他の生徒から攻撃されるのはいやなものでしたし、ピケを張って私を締めだそうとするのには驚きました。のけ者にされたようで、良い気分ではありませんでした。

投票に勝って私は本当に喜びました。投票結果は私は一人ではないことを明らかにしてくれました。八十パーセントの生徒が、私が訴えようとしたことを理解してくれたのです。私は生徒会活動にもっと積極的にかかわることにしました。次の年の春、生徒会の副会長に立候補しました。立候補者の名前のリストが発表されたとき、校内のリーダーの一人が、最後の軽蔑的な言葉を私に向かって浴びせたものです。「わかっていたよ」と彼は言いました。「名前を知られるようになるために、再編計画に反対したのだろう。あとで生徒会に立候補するためにさ。君はただの便乗主義者だね」彼は顔をしかめて、歩き去っていきました。

私はあっけにとられました。再編計画に反対したとき、これで生徒会の役員に選ばれたり何かに任命されたりする可能性はなくなるだろうと思っていました。校内のリーダーたちの嘲笑の的だったのですから。投票に勝てるとも思っていませんでした。その問題について強い信念があったので、あえて意見を述べる決断を下したのです。それなのに、私がとった行動は宣伝行為だった、政治的な便乗主義者による計算しつくされた行動だったと言われたのです。そんなことを考える人がいることが私には信じられませんでした。まして、それを口にだして言うとは。

これと同じことを何度も目にしてきました。ひねくれてゆがんだ心をもっている人や、疲れきって冷笑的になってしまった人は、だいたいの場合、善行を積むなどということは放棄しています。彼らは自分のために手に入れることができるものは何でも手に入れようとします。そして、自分のそうした行動を正当化します。誰でもそうだ、誰もが自分のことだけを考えているのだと主張します。他人も自分と同じ動機で動いていると思っています。ですから、良いことをしている人を見ると、それは良いことをしている「ふりをしている」だけで、実際は何らかの自分の利益を求めているのだと考えるわけです。

自分を利する隠れた動機から行動している人は、他の人も同じだろうと思って非難するのが常です。したがって、あなたが何か良いことをすれば、ひねくれてゆがんだ心をもっている人や、疲れきって冷笑的になってしまった人によって馬鹿にされるかもしれません。これは悲しいことですが、あなたの問題というよりも、彼ら自身の問題なのです。

それでも、あなたは正しいこと、良いこと、真実であることをしなければなりません。そうすることによってはじめて、生きることの意味や満足を見出すことができるのです。

何か良いことをすれば、
隠された利己的な動機があるはずだと人に責められるだろう。
それでもなお、良いことをしなさい。

第3章　成功すれば、うその友だちと本物の敵を得ることになる。それでもなお、成功しなさい。

ハワイ州政府機関の局長および州知事の閣僚の一人になったとき、突然新しい友人がたくさんできたのには驚きました。実業界やコミュニティーのリーダーに、私が会いたいときにいつでも会うことができました。いやむしろ、彼らのほうが私に会うことを望み、プロジェクトやさまざまなアイディアについて私のサポートを求めてきたのです。何百という会議や特別行事に招待されてスピーチをしました。いつも主賓の席に座りました。マスコミはいつも電話を入れてきました。数週間おきに新聞に私のことが掲載され、テレビやラジオにも少なくとも月に一回は出演しました。たくさんの新しい友だちができました。

それだけでなく、たくさんの新しい敵も生まれました。実を言えば、彼らは私にとって敵などではなかったのですが、彼らからすると私は敵でした。

彼らを攻撃したことなどありませんでしたから、どういうことなのか理解しがたいところがありました。私は彼らを知らなかったのですから。彼らは知事や、私の属する政党や、政府全体を攻撃するために、一つの手段として私を攻撃したのです。私が言っていないことや、したこともないことを理由に私を攻撃したのです。

私が局長を務める局の内部にも、表面では友好的に私を支持しているようなふりをしながら、ひそかに私を追いだそうとして活動している人たちがいました。私の方針が気に入らない人たちでした。彼らは私が局長になる前の状態が気に入っていたのです。私は複数の人間が共同管理するチームをつくろうとしていましたが、彼らはそれぞれの部門を王国のように自分たちで支配する形の継続を望んでいました。非常に困難な時期でした。新しい目標、新しいプロセス、さまざまな新しい人間関係を築かなければならなかったのですから。

知事の任期が終わり、局長としての私の任期が終わるころには、実業界やコミュニティーのリーダーと協力し合って楽しく仕事ができるようになっていました。局の内部にも新しい同志意識やチームワークが生まれていました。みんなで達成したことに誇りを感じていましたし、一緒に仕事をしていた人たちのことも好きになっていました。

しかし、私が局長の地位を離れたその日から、人間関係のほとんどが一変しました。私はビジネスの世界ですばらしい仕事についたのですが、CEO（最高経営責任者）ではありませんでした。それよりもかなりランクが低いプロジェクト・マネージャーでした。すばらしい仕事ではありましたが、私はもう「重要な」人物ではありませんでした。もはや地位のない人間だったのです。局長時代に身近で共に仕事をしてきた人たちは、町で偶然出会ったりすると何か気まずそうに見えました。彼らはいまでも強い影響力をもった人たちでしたが、私はそうではありません。招待されることはなくなり、支持を求められることもなくなり、マスコミもインタビューを申し込んで来なくなりました。

突然、新しい友人と敵が生まれたかと思うと、たちまちのうちにその友人と敵がいなくなるという周期を、私は一度ならず体験してきました。私だけでなく数多くの人たちが同じことを経験していることも承知しています。このことに驚いたとか、幻滅を味わったというわけではありません。幸いなことに、局長になったとき、私の助言者（メンター）がこう言ってくれたのです。「いつまでも局長でいるわけではないことを毎日心に銘記するべきだろう。いつまでも人の注目を浴び続けることはない。影響力のある地位にいつまでもついていられるわけでもない。時間はあっという間に流れて、新しい仕事につくことになる。おそらくその仕事には局長ほどの権限はついてこないだろうし、それほど目立つこともないだろう」

古いことわざがあります。「出世の階段を登っているときに出会う人たちに親切にしなさい。なぜなら、出世の階段をやがて降りるときに同じ人たちに出会うのだから」

「成功」を体験した人は、友だちには「個人的な」友だちと、「地位的な」友だちの二種類あることに気づくものです。個人的な友だちは、あなたの状況が良かろうが悪かろうが、高い地位についていようが低い地位についていようが、あるいは、どんな地位にもついていなくても、いつもあなたと一緒にいてくれる存在です。個人的な友だちは本当にあなたのことを気にかけてくれる人で、あなたと一緒にいることが楽しいと思っている人です。

地位的な友だちは、あなたが今ついている影響力のある地位の友だちです。その人は同じ地位についていた前任者の友だちでしたし、将来その地位につくであろう人の友だちになる人です。これは仕事に役立ちます。この種の友だちによってつくられるネットワークはあなたにとっても、地位的な友だちにとっても有益なものです。このことには何の問題もありません。ただ、地位的な友だちと個人的な友だちを混同してはいけないということです。地位的な友だちは、「本当の」友だちではありません。

政府の高官、軍隊の将軍、企業のCEOといった人たちは、定年で退職したり、何らかの理由でその地位を退いたりすると、地位的な友だちの態度の変化に気づくことになります。突然、地位的な友だちは忙しくて昼食をご一緒にできないと言ってきます。こちらから電話をしてメッセージを残しても、電話をしてきません。冗談を言っても笑ってくれず、アイディアをだしても褒めてはくれません。理由は簡単です。地位的な友だちの心の焦点は、新しい政府高官、新しい将軍、新しいCEOに絞られているからです。新しい人と昼食をとらなければならず、別な電話の返事をしなければならず、新しい冗談に笑わなければならず、新しいアイディアを褒めなければならないのです。

もちろん、このほかに、本当の意味でのうその友だちもいます。もっとも露骨な意味において、自分自身の利益のためにあなたとあなたの地位を利用しようとする人たちです。地位的な友だちの場合には、少なくともあなたがその地位についている間は友好的な関係を保とうとします。しかし、うその友だちは、友だちのふりをして、あなたを利用する機会を待ちうけ、利用し終えたと思ったらあなたのもとを脱兎のごとく去っていきます。

もっとひどい話があります。成功すると本当の敵をもつことになるのです。あなたが成功したために成功できなかった人、あなたが勝ったために負けてしまった人、あなたをライバルとみなしていて、あなたに出世してほしくないと思っている人、誰であれ成功者を苦々しく思い、何とかして攻撃しよう、少なくとも恥をかかせる手段を見つけようとしている人などです。あなたは成功すればするほど、攻撃の標的になります。

このような敵に対処するための簡単な方法をいくつか紹介しましょう。第一に、彼らの行為をあなたへの個人攻撃と考えないことです。あなたを攻撃している人は、人生がうまくいっておらず、不幸に苦しんでいるだけかもしれません。人生に失望していて、そのことであなたを責めているのかもしれません。その人にとってあなたは一つのシンボルで、たまたま便利な攻撃の対象になっているだけかもしれないのです。ですから、攻撃は本当のところはあなたとは無関係で、攻撃している人自身の問題なのです。あなたに対する攻撃だと考えるべきではありません。攻撃されたならば、忍耐と同情の思いをもって受けとめると良いでしょう。

二番目のコツです。誰かがあなたを敵とみなしても、あなたはその人を敵とみなす必要はないということです。人によっては注目を自分に集めるために他人を攻撃する人もいます。あなたを攻撃するのは自分に目を向けさせるための一つの方法に過ぎません。あるいは、あることを熱狂的に信じている人の中には、あなたがその人と同じような信念をもっていないことに腹を立てて攻撃する人もいます。

心を開いて、攻撃してくる人を公平に扱いなさい。彼らの言うことに耳を傾け、適切であると思われるときには、彼らに目を向けるとよいでしょう。何かを学ぶことができるかもしれません。それだけではありません。彼らを敵として扱わなければ、彼らがいつかあなたの仲間となり、友人になるのを容易にしてあげることにもなります。

最後に、家族や長年の友人を宝物として大切にすることです。彼らはあなたが「成功」する前から、喜びや悲しみを共にしてきた人たちです。家族はあなたがあなたであるがゆえにあなたを愛しています。長年の友人はあなたの権力や高い地位のために友人になったのではありません。共通する何かがあって、そのために長年にわたる友情が続いているのです。

私の子どもたちが学校で習ってきた歌を歌ってくれます。「新しい友をつくろう。古い友も忘れず。新しい友は銀(しろがね)、古い友は金(こがね)ぞ」。人生の歳月が流れ、成功していく中で、昔からの友人はますます大きな意味をもつようになっていくでしょう。同時に新しい友だちをつくる機会もやってきます。そしていつか本当の友だちになっていきます。新しい銀も、いつの日か金となるのです。

ヴィジョンをもって一生懸命仕事をしなさい。上手に仕事をしなさい。成功を恐れることはありません。誰かが攻撃してきたら、忍耐と同情の思いをもってその人に接しなさい。敵は、いつか仲間になり友人になる可能性のある人と考えて、接するとよいでしょう。一番大切なことは、あなたの本当の友だちから離れないことです。

こうすれば、どんなにたくさんのうその友だちや本物の敵があなたの家のドアをノックしても、あなたは生きる意味を発見できるでしょう。

成功すれば、うその友だちと本物の敵を得ることになる。
それでもなお、成功しなさい。

第4章　今日の善行は明日になれば忘れられてしまうだろう。それでもなお、良いことをしなさい。

小学生のときに、古代エジプトの若い現場監督の話を読んだのを覚えています。彼はファラオのピラミッドの土台をつくる仕事の現場監督でした。灼熱の太陽の下で、部下を励まし、仕事の具合を見守り、問題があれば改善させました。巨大な石がきちんと合わない場合には、ぴったりと合うまでやり直しをさせました。

もう一人の現場監督が彼の仕事を見ていましたが、ついに彼のところにやってきて、頭を振りながらアドバイスをしました。「土台は土の中に埋もれてしまうんだ。誰にも見えないんだよ。心配する必要はない。誰にもわからないんだから」

「私にはわかります」と若い現場監督は答えて、仕事を続けました。

正しいこと、良いこと、真実であることを実行すれば、あなたにはそれがわかるでしょう。あなたはそれを忘れないでしょう。人生を生きるうえであなたが必要とする意味はそれだけで充分なのです。

確かに、あなたの良い行ないの中には人に認めてもらえるものもあるでしょう。しかし、そうして認めてもらった立派な仕事ですら、多くの場合、忘れられてしまうものです。大切なことは、誰かが覚えているかどうかではありません。大切なことは人間としてのあなたがどんな人かということです。重要なことは人生をどう生きるかです。誠実に、寛大に生きている限り、他人がそれを知っているかとか、覚えているかということは、問題ではありません。

何か良いことを名前を知らせずにしてもよい理由はここにあります。良いことをする、ただそれだけで充分です。誰かの力になることができた、あなたの組織を改善することができたと知っているだけで充分なのです。

したがって、あなたの善行が、後任者の功績にされても問題ではありません。組織ではよくある話です。一人のマネージャーが彼女の部門が将来において成功するようにと一生懸命に土台を築いたとします。その土台なしでは、将来の成功はおぼつかないでしょう。しかし、実際に成功したときには、そのマネージャーは会社を辞めていたり、定年退職していたりするかもしれません。そして、事業の成功は後任のマネージャーの功績になるでしょう。

組織の将来のために土台を築けば、あなた自身は良いことをしたと知っています。それがやがて花開いて成功を収めれば、あなたも大いに満足するはずです。仮に退職していたり、別な道を歩んでいたりしてもそれは変わらないはずです。

実際の話、あなたが成功するための土台の一部は、前任者が築いてくれたものです。それは前任者からあなたへの贈り物だったのです。その贈り物に対するお礼は、一生懸命に仕事をして、あなたの後継者になる人にそれを手渡してあげることです。

人がお互いのためにできる最善のこととは、さりげないことなのかもしれません。毎日の生活を共にしていく中で、思わず唇に微笑をもたらしてくれるようなささやかなこと、元気付けてくれるさりげないことが最高のプレゼントなのです。善行というのは、ときには、常識的な礼儀正しさだったり、思いやりのある行動であったりもします。

ロビー・アルムはホノルル在住の弁護士として成功し、州政府の高官を務めたこともあり、銀行家でもあります。ある日、彼は何人かの友人と集まって、どうすればもっと思いやりがあって人に優しい地域社会をつくることができるだろうと話し合いました。その話し合いの中から、「リブ・アロハ」というプログラムが誕生しました。「アロハ」にはいろいろな意味がありますが、彼らは、思いやり、愛情、礼儀正しさといった意味を念頭においていました。リブ・アロハにはいろいろなやり方がありますが、彼らは、日常生活の中で礼儀正しさや思いやりを示すことを提案しました。ささやかな親切をすれば、それが積もり積もって生活の質が向上するだろうと考えたのです。彼らが考えだしたリストは次のようなものです。

- ●お年寄りと子どもを尊敬する。
- ●どんな場所でもそこを離れるときは、前よりきれいにして立ち去る。

●他人のためにドアを開けてあげる。
●他人のためにエレベーターのドアを押さえてあげる。
●何か植物を植える。
●運転マナーを守る。他の車を優先させる。
●異なる文化のイベントに参加する。
●ショッピング・カートを所定の位置に戻す。
●外気に触れて自然を楽しむ。
●ゴミに気がついたら拾う。
●お隣さんと分かち合う。
●微笑を浮かべる。

リブ・アロハの推進者たちはこう言います。皆の生活を向上させるのに、政治家になる必要もないし、会社の社長になる必要もない。高名なお医者さんになる必要もない。時には、ほんのささやかなことが非常に大きな違いを生みだすのです。

ですから、新聞売り場のおばさんに微笑を投げかけてください。会社の建物の中に荷物を運び入れている人がいたら、手を貸してあげてください。教会での集会が終わったら、一番に立ち上がって椅子を片付ける人になってください。誰もそのことに気がつかないかもしれません。気がついても、誰もそれを覚えていないかもしれません。しかし、そういうささやかなことでも積もり積もって、他の人の人生を幸せにするのに役立つのです。

それが良いことだというただそれだけの理由で、良いことをしてください。あなたにとって自然なことだから、あなたの人生の一部だからというだけの理由で、良いことをしてください。あなたの善行は、あなた自身が生きる上での意味の源になってくれるでしょう。誰もそのことを知らなくても、知っている人が忘れてしまっても、それは変わることはありません。

今日の善行は明日になれば忘れられてしまうだろう。
それでもなお、良いことをしなさい。

第5章　正直で率直なあり方はあなたを無防備にするだろう。それでもなお、正直で率直なあなたでいなさい。

六〇年代、大学生のとき、高等学校の生徒会で活躍するリーダーのためのキャンプで、スタッフとしての仕事をしていました。サマーキャンプでは高校生のリーダーをいくつかのグループに分けていましたが、私はそのうちの一つでカウンセラーを務めていました。私は史上最年少のカウンセラーでした。それが理由だったのかもしれません。キャンプの責任者が、夜の集会で全学生に向けて話をしてほしいと依頼してきました。

スピーチの日が近づくにつれて、責任者は心配になってきたようです。私のところに立ち寄って、冗談に紛らして私のスピーチのことなどを聞いてきました。私がどのような話をするのかを知りたかったのです。何を話すかまだ考えているところですと正直に言うと、ますます心配になったようでした。

ついに、彼は本音を言いました。高校生をあおるようなことを言ってほしくないというのが彼の本音でした。「活動家」のような話はしてほしくない。「体制」を批判するようなことは避けてほしいというわけです。そのような話をすれば、キャンプでの私の未来は保証できない。この責任者は、私に何か安全で「感じの良い」ことを言ってほしかったのです。そもそも私に話を依頼した理由はそこにあったのです。

夜が来ました。私は講堂の演壇の後ろに立っていました。目の前には何百人という生徒が座っていました。おしゃべりをしている者、椅子に崩れこむようにして座っている者、そわそわと落ち着かない者、いろいろです。講堂の一番後ろに二列の座席が壁のようにならび、そこには大人が座っていました。各学校の生徒会活動の責任者である先生たちやカウンセラーの人たちです。

私の心はすでに決まっていました。先生やカウンセラーは攻撃しない、いわゆる

「体制」の批判はしないと決めていました。それよりも重要なことをしようと決めていたのです。生徒会活動についての私の本音を語ろうと思っていました。彼らに挑戦状をつきつけることにしたのです。思っていることを正直に、率直に話してみようと決めていました。

私はまず、生徒会の多くは自己満足におちいった集団で、自分のことに夢中で、大学進学の書類に添付するレジュメをつくるのに忙しいだけだと言いました。安易な道を選択して、一般の生徒がそれを希望しようとしまいと毎年同じ行事を繰り返している。役員の多くは一般生徒、つまり、そもそも彼らを選んだ人たちのことを考えていない。一般の生徒の身になって、彼らの声に耳を傾け、体制の中で活動しながらすべての人にとって良い状況をつくりだすようにしてはどうかと激励しました。要するに、彼らを詐欺師呼ばわりしたのですが、詐欺師である必要はないとも言いました。彼らが属する学校の教育の質、生活の質を向上させる力が彼らにはあると言ったのです。

三十分して話が終わったとき、講堂はしーんと静まりかえっていました。それから、私がお礼を述べ、話のために使ったメモカードを集めていると、拍手が徐々に広がっていきました。表面だけを取り繕う「感じの良い」雰囲気の壁を打ち破ることに成功したのです。私は彼らの目を真正面から見据えて、仲間内のパーティーのことを計画するよりも、もっと大切なことがあると直言しました。彼らはそのメッセージをしっかりと受けとめてくれました。

彼らは前に進みでて、演壇に上がり、私を肩にかついで表に連れだしました。喜びがはじけていました。私たちは話し合いました。正直に話し合いました。もっと多くのことができる。もっと大きな存在になれる。学年末のプロムのテーマソングの選択よりももっと大切な何かのために立ち上がることができる。

私たちは話し続けました。それから、一人ひとり、生徒たちは私と握手してそれぞれの寄宿舎へと帰っていきました。皆が帰って、私も部屋のほうへと歩きはじめました。すると突然、四人の男に取り囲まれました。一人はキャンプを取り仕切っている責任者でした。カウンセラーの職を解雇したから、ただちにこの場を去るようにと彼は言いました。

彼らは私を部屋までエスコートして連れて行き、部屋のドアを閉め、ドアのところに立ちふさがって、荷造りをするようにと言いました。電話をすることも許されませんでした。伝言を残すことも許されませんでした。私のグループの生徒に本や資料を貸してあるので、それを返してもらいたいと言いましたが、彼らはただ黙っていました。

荷造りを終えると、私を駐車場まで連れて行き、ステーションワゴンの後部に押し込みました。運転手はヘッドライトをつけませんでした。駐車場からでるときに人に気づかれないようにするためだったのかもしれません。キャンパスから三十キロほどの道路脇のバス停で私はおろされました。長椅子だけがあって屋根のないバス停でした。夜の九時半でした。私は暗闇の中に一人座って、通過する車のヘッドライトの光を見ていました。私は十八歳でしたが、重要なことを学んだのでした。

私が学んだのは、生徒会のリーダーたちと私の間に絆が生まれたということでした。お互いに対して正直になろう、率直になろうという決断がその出発点でした。格好をつけるのをやめて、本当のコミュニケーションを始めたのです。その正直さ、率直さが大人たちをおびえさせました。彼らは表面だけを取り繕うゲームを続けたかったのです。私は正直に、率直に話したことによって、自分を無防備な存在にしたために、文字どおり町から追いだされました。でも、後悔はしませんでした。高校生たちと一緒にぞくぞくするような時間を過ごしたのですから。

偉大な男性や女性のことを思うとき、彼らが正直であったこと、率直であったことに思いをはせます。彼らを賞賛し、信頼するのは、彼らの正直さと、率直なあり方のためです。ジョージ・ワシントンの正直さは伝説になっています。エイブラハム・リンカーンは「正直者のエーブ」と呼ばれていました。ハリー・トルーマンについて私たちが一番気に入っているのは、彼が思っていることを歯に衣着せずにずけずけと言ったことかもしれません。

お互いに正直で率直であるとき、強い人間関係を築くことができます。お互いに相手がどこに立っているかがわかります。どうすれば相手のニーズを満たすことができるか、お互いの夢を実現するにはどうすればよいかがわかります。信頼がなければ、何をしたらよいかもわからず右往左往して、自分や他の人を傷つけることになってしまいます。

家族や組織内の人間関係で一番大切なことの一つは信頼です。感じていること、考えていること、願っていること、恐れていることを隠したままでは信頼を築くことはできません。分かち合いによって、正直で率直であることによって、はじめて信頼は生まれます。人間関係、チーム、組織、地域社会において成功を収めるためには、信頼を築くことが不可欠です。

気配りは確かに大切です。ある種のことに関しては、言ってよいときと、よくないときがあります。中には絶対に言ってはいけないこともあります。秘密の保持は信頼関係に不可欠です。一人の人とだけ分かち合うのが適切なこともあります。あるいは数人の人と分かち合うのが適切なこともあるでしょう。しかし、日常的な人間関係の多くの場面にあっては、気配りや秘密の保持のために、正直であることや率直であることが妨げられてはなりません。

もちろん、正直で率直にふるまえば、あなたは無防備になります。どうすればあなたを攻撃し、傷つけることができるか、人に知らせることになるのですから。防御の構えをやめれば、自分をさらけだすことになります。親密な関係においてだけでなく、グループや組織の中でも同じことが言えます。しかし、無防備さが良い意味をもつこともあります。無防備になると、他の人たちと心がつながりやすくなります。人と深く知り合うことになり、人から容易に学べるようになります。無防備な状態は、新しい人間関係へのドアであり、新しい機会へのドアです。成長するための新しい道にいたるドアであり、共に協力し合って生きる新しい道に通じるドアです。

争いでいっぱいのこの世界では、自分の周りに防壁をつくり、鎧(よろい)に身を固めて行動したくなるのも無理はありません。しかし、これには問題があります。鎧はあなたを守ってはくれますが、同時に、あなたを閉じ込めてしまいます。成長できるとしても限度があって、その限度以上に成長したければ鎧を脱がなければなりません。いったん鎧を脱いでしまうと、あなたは無防備になります。しかし、その無防備さと共に、成長する自由がやってきます。こうして、人間としての成長や、職業人としての成長が楽しめるようになると、鎧はもはや必要ではないことを発見するでしょう。

あなたの強さは鎧からくるのではなく、あなたの内面からくるのです。
そういうわけですから、最善を尽くして正直で率直であってください。そうすれば無防備にはなりますが、そのおかげで他の人と容易に絆を結べるようになり、一人の人間として、また一人の職業人として、成長を遂げることが容易になります。あなたの鎧を脱いでください。そして、正直で率直であることから得られる人生の意味と満足感を楽しんでください。

正直で率直なあり方はあなたを無防備にするだろう。
それでもなお、正直で率直なあなたでいなさい。

第6章　もっとも大きな考えをもったもっとも大きな男女は、もっとも小さな心をもったもっとも小さな男女によって撃ち落とされるかもしれない。それでもなお、大きな考えをもちなさい。

ソクラテス、ガリレオ、ジャンヌ・ダルク、コロンブス、リンカーン、スーザン・B・アンソニー（一八二〇－一九〇六。米国の社会改革者。女性参政権・奴隷廃止運動に尽力した。）、ガンジー、マーティン・ルーサー・キング・ジュニア。人間の歴史には大きな男女の物語がいっぱいつまっています。大きな考えを抱いていた大きな人々が、小さな人々によって、文字どおり、あるいは、比喩的な意味で撃ち落とされた物語です。小さな人々が彼らをあざ笑い、牢獄に閉じ込め、撃ち殺した物語です。

世界は大きな人々を必要としています。寛大で、原則をしっかりともち、コミットしていて、心を開いて新しい思考と行動で機会をとらえ問題を解決する、大きな人々を必要としています。世界はまた、大きな考えを必要としています。真の意味で違いを創りだす考え、大いなる変化を生みだす考え、パラダイムの転換を呼び起こすような考えを必要としています。私たちは大きな問題を抱えています。したがって、私たちは大きな解決を必要としています。現状維持を超越してより良い世界を先見できる人々が必要です。

大きな考えをもった大きな人々は、小さな考えをもった小さな人々にとっては脅威となる存在です。「小さな人」とは、地位が低い人とか、肩書きのない人とか、お金があまりない人とか、教育をあまり受けていない人という意味ではありません。小さな人は多くの場合、善良な人です。組織に忠実で働き者です。同僚にとってよき友人です。それでは、何がそういう人たちを小さな人にしてしまうのでしょうか。それは人生を小さな目で見てしまうあり方です。小さな人は、自分自身の人生、自分の組織、自分が住んでいる場所や時間の枠を超えて物事を見ようとしません。だいたいの場合、毎日やるべきことは上手にやれる人で、それが変わってほしくないと思っています。

したがって、現状にしがみつこうとします。そういう現状を生みだした根本的な理由ではなく、現状そのものにしがみつこうとします。小さな人はすべてのことをきちんと処理し、分類し、許可証も三通つくっておかなければ気がすみません。小さな人は、こうすれば状況は改善できるかもしれないといった話はしたくありません。なぜなら、そうすれば状況が変わることになります。小さな人は新しいことには挑戦したくありません。

小さな人は、多くの場合、物事を自分の力という観点から見ようとします。それが自分に安逸をもたらしてくれるか、自分にとって都合が良いかどうかという観点から見ようとします。自分にとって最善のことが、家族や組織や地域社会にとっても最善であると信じています。小さな人の人生は、身近な欲求、ニーズ、恐れ以上のものではありません。これだけは確実です。小さな考えをもった小さな人が、人の先頭に立って新しいレベルの卓越したあり方を目指したり、人生の質を改善したりすることは絶対にありません。

世の中には大きな人一人に対して百人以上の小さな人がいます。社会のあらゆるレベル、いたるところに小さな人がいます。あらゆる種類のビジネスの世界、政府、非政府機関のあらゆるレベルに存在します。いる場所がどこであれ、小さな人は最善を尽くして、大きなヴィジョン、大きな夢、大きな展望をもった大きな人たちを撃ち落とそうとします。

これは悲しいことです。なぜなら、究極的には、小さな人も含めてすべての人が、大きな考えから恩恵を受けるのですから。問題が解決されれば、行き詰まった状況が打開されれば、新しい製品が開発されれば、新しい生き方が生まれれば、誰もが恩恵を受けることになります。大きなヴィジョン、大きな夢、大きな展望が新しい機会のドアを開き、望ましい新しい現実を創出すれば、すべての人が恩恵を受けることになります。しかし、小さな人には、やってくるかもしれない大きな恵みが見えません。そこで彼らは、いま享受している小さな恵みにしがみつくのです。

大きな考えが大きな失敗をもたらしたことがあるのも確かな事実です。大きなヴィジョンの中には大失敗だったものもあります。しかし、多くの場合、実際にやってみるまで、どうすればうまくいくのかはわからないものです。それも、不平を言いながら、足を引きずるように、不承不承やるのではなく、充分な時間と資源を費やして一生懸命かつ知的にやってみる必要があります。

人も組織も夢を必要としています。リーダーの役目の一つは、グループないしは組織の使命とヴィジョンを形成し、明確に表現することです。ヴィジョンとは未来についての考えです。組織、あるいは組織が奉仕している人々のために、何が可能であるか、何がなされるべきであるかについての考えです。

大きなヴィジョンは大きな人々を惹きつけます。自分の能力を試されることに対する準備ができていて、学び、成長し、遂行能力を高める覚悟のある大きな人々を惹きつけます。人は違いを生みだしたいと思っています。人には希望を抱くための理由が必要です。努力して向かう目標が必要です。小さな考えが私たちの最高の能力を引きだすことはありません。大きな考えにはそれができます。

世界を変えた大きな考え、私たちの生き方に変化をもたらした大きな考えは数えきれないほどあります。アメリカ合衆国の創設者たちは、独立と民主共和政体という夢を抱き、世界の隅々にまで影響を与える国を誕生させました。スーザン・B・アンソニーはアメリカの女性に投票が許される日を夢見て、男女平等への最初の一歩を踏みだす力になりました。ガンジーはインドの自由を夢見て、平和革命を起こして一億人の人々を解放しました。マーティン・ルーサー・キング・ジュニアは人種間の平等という夢を抱きました。この夢は、すべての人々にとっての正義と自由が達成されるようにと、いまもなお私たちに呼びかけています。

フローレンス・ナイチンゲールは、しっかりとした訓練を受けた看護婦のいる近代的な病院というヴィジョンをもっていました。そのヴィジョンを追求する中で、看護婦という近代的な職業を確立し、数多くの人の生命を救ったのです。トーマス・アルヴァ・エジソンは、大きな考えをもって電球や蓄音機を発明し、この二つの発明は世界中の人々の生活を一変させました。ヨナス・ソークは小児まひをなくすという夢を抱きました。そして、ワクチンを開発し、それによって何百万という人々がこの病気から救われたのです。

日本の渋沢栄一は、一八四〇年に生まれ、一九三一年に亡くなりました。農家に生まれた渋沢はエリートである大蔵省の役人になりましたが、やがて、その職を去り、実業家になります。日本は新しいビジネスを起こさなければ経済発展を遂げられないと彼は知っていました。そこで、新しいビジネスを起こすという仕事に取り掛かったのです。渋沢は生涯のうちに六百以上の会社の創設や育成にかかわりました。彼は人の能力を最大限に生かすことの大切さを知っていましたから、会社の非公式な経営顧問として経営に参画し、訓練プログラムを組織し、経済を専門とする大学の設立に尽力しました。

レイ・クロックは、マクドナルド兄弟の経営していた小さなレストランが、近代的なファーストフードのプロトタイプになるという卓見を示しました。彼はこのプロトタイプを、何千もの支店をもち、何十億ドルという利益をもたらす国際的なチェーンレストランへと成長させたのです。デビー・フィールズはビジネスの経験のない若いお母さんでしたが、クッキーだけを売る店で成功できるかもしれないと思いました。その二十年後、アメリカ合衆国と十一の国に七百以上のクッキーの店を彼女は所有していたのです。

フレデリック・W・スミスには新しいタイプの迅速な配達サービスというヴィジョ

ンがありました。彼はフェデックスを何十億ドルもの価値がある国際的な会社に仕立て上げたのです。現在、フェデックスは六百機を超える航空機と六万一千台の車を所有し、十九万人の従業員を擁して、一日平均、三百万個の荷物を世界中に配達しています。

ジョージ・ウィリアムズは、一八四四年、ロンドンの服地屋でセールス・アシスタントとして働いていました。当時、彼のような仕事をしていた若者は、一日平均十時間から十二時間働くのが普通でした。一週間のうち六日間はそうして働いていたのです。眠るときは仕事場の上にある部屋で雑魚寝（ざこね）していました。ウィリアムズはロンドンに仕事を求めてやってきた若者が、自分も含めて、実りある人生を生きる選択肢がないことに心を悩ませました。それが出発点となって、彼は服地屋で働く仲間と共に、若者がお互いに助けあって学びあうことで心とスピリットの成長を目指すためのキリスト教の団体を創設しました。彼のアイディアは発展を続け、それから百五十年後には、世界百三十カ国において数多くのプログラムが展開され、子どもを含む三千万人の人々に奉仕する団体になったのです。それがＹＭＣＡです。

シカゴの弁護士、ポール・ハリスは一つの大きな考えを抱いていました。一九〇五年、彼は三人の友人を集めて、実業界の人々が友情を育むためのクラブをつくろうと提案しました。このアイディアは世界にしっかりと根を下ろし、現在百六十一カ国に二万九千のロータリー・クラブが存在し、実業界のリーダーからなる百二十万人の会員が、連帯意識を共有し、人類に貢献するために協力しあっています。

一九七六年、ミラード・フラーとリンダ・フラーは「ハビタット・フォー・ヒューマニティ」という名前の大きな考えを抱きました。フラー夫妻は仕事をやめ、マイホームをもてるなどとは夢にも思ったことのない人たちのために住居を提供するというプロジェクトに取り掛かりました。二十五年足らずのうちに、ハビタット・フォー・ヒューマニティは世界中に八万五千軒以上の家を建て、二千の地域社会に住む四十二万五千人の人々に、安全で廉価な住宅を提供してきました。

ハワイ在住のラモン・K・サイ医師はフィリピン出身の他の六人の医師と共に、祖国の人々の力になろうと、一九八三年にフィリピンを訪れました。彼らには一つの考えがありましたが、それはやがて「アロハ医療団」という組織に発展し、六百人の人々がボランティアとして、フィリピン、中国、ベトナム、バヌアツ、バングラデシュ、カンボジア、ラオス、ハワイの六万人以上の人々に、手術を行ない、医療援助を与えてきているのです。

大きな考えは自由を確立し、生命を助け、自然環境を守り、新しいサービスを提供し、仕事を創出し、コミュニティーを築いてきました。大きな考えは大きな違いをつくってきました。何億人という人々の人生の質を高めてきました。

大きな考え、つまり、夢を抱くことによってあなたの人生には意味が生まれます。大きな考えは焦点や方向性を与えてくれます。努力するための目標を与えてくれます。あなたの大きな考えが誰かによって撃ち落とされたら、それを拾って、埃(ほこり)を払って、再び活動を始めるだけの話です。夢の実現に向かって踏みだす一歩一歩が限りない意味と満足感を与えてくれるでしょう。

もっとも大きな考えをもったもっとも大きな男女は、
もっとも小さな心をもったもっとも小さな男女によって

撃ち落とされるかもしれない。
それでもなお、大きな考えをもちなさい。

第7章　人は弱者をひいきにはするが、
勝者のあとにしかついていかない。
それでもなお、弱者のために戦いなさい。

一九四五年、第二次世界大戦も終わりに近づいていたとき、一人のアメリカ合衆国海兵隊の大尉が中国の青島（チンタオ）に上陸しました。アメリカ人はあまりいませんでした。彼は土地のホテルに宿をとり、国民革命軍の将軍と一緒に食事をとりました。この将軍は青島の周辺にいる中国人の盗賊のリーダーでした。この海兵隊大尉の任務は、中国北部での日本軍の降伏手続きを取り仕切るというものでした。最初の仕事は港湾労働者を雇って荷物を下ろし、まもなく到着する海兵隊員のために住居を確保することでした。

戦争から平和へと移行している時期でした。戦場での戦闘からオフィスや兵舎での仕事へと移行していた時期です。青島に到着した海兵隊員の中にはキャリアのすべてを戦場で過ごし、兵舎での職務経験がまったくない者もいました。青島の兵舎の警備の任務を課された昇進したばかりの若い軍曹も、そういう海兵隊員の一人でした。ある日、任務についたこの海兵隊員は、護衛隊の備品の一部として三十五着のアルパカのベストを受けとり、受領書にサインしました。翌日、彼が任務を終えたとき、三十五着のベストのうち二着しか所在を確認することができませんでした。おりしも冬が近づいており、兵舎の居住空間には暖房設備がありませんでしたから、ベストは貴重品でした。三十三着のベストが姿を消してしまったのです。

この軍曹がベストの受領書にサインしていたちょうどそのころ、海兵隊の本部は備品管理を厳しくするようにとの命令をだしました。それ以前の二年間には備品管理はほとんど行なわれていませんでした。海兵隊は戦闘に忙しく、備品目録や書類などの心配をする暇はなかったのです。しかし、いま平和な時代になって、新しい命令が発効し、軍曹は行方不明になったベストが原因で軍法会議にかけられることになりました。

新任の大尉はこの軍法会議で軍曹のために弁護人となることに同意しました。大尉は調査を開始し、さまざまな人々に証言台に立ってもらう必要があるとの結論に達しました。副連隊長、艦砲隊長、当直だった数人の将校、警備の任務についていた数人の軍曹、連隊の行政官、連隊長などの人々でした。彼らは、ベストが姿を消した前後およびその間に、現場にいたり、もしくは指揮官の立場にあったりした人々でした。彼らを証言台に呼べば、彼らの名前は軍法会議の記録に残り、その記録は再調査のためにワシントンDCの海兵隊本部に送られることになります。

当時は指揮系統の将校にとって微妙な時期でした。彼らの多くは予備将校でしたが戦争が終わった後には正規の将校になることを望んでいました。また、正規の将校たちもさらに上の任務につくことを望んでいました。そうすれば、キャリアに有利だからです。大尉のところに将校たちから電話がかかってくるようになりました。たかが最下級の軍曹のためになぜそれほど念を入れなければならないのかと質問されました。大尉は副連隊長、連隊行政官、連隊長に呼びだされました。三人とも彼よりも階級が上の将校です。その三人がそれぞれ婉曲にほのめかしたのです。彼らを軍法会議の証人として呼びだすことはやめたほうが、関係者全員のためにも、特に、大尉自身のためにも最善であろうと。

大尉も予備役の将校で、海兵隊でのキャリアを望んでいました。上級将校の意向に逆らえば、正規の将校になることはおろか、キャリアを続けることも不可能であろうことは、彼にとっても明らかでした。それでも大尉は考えを変えませんでした。事件の事実関係を立証するために証言台に来てもらう必要があることを上司の将校たちに連絡したのです。

圧力はさらに増大しました。海兵隊の分艦隊が土曜日の夜にホテルでパーティーを開催し、大尉も招待を受けました。ホテルに到着するや否や、大尉は副分艦隊長のいる部屋に挨拶に行くようにと言われました。副分艦隊長はまもなく始まる軍法会議を話題にして、大尉の行動について個人的に憂慮していること、正規の将校としての任命要請に影響があるだろうなどと語りました。さらに副分艦隊長は、上司である分艦隊長にも「逐一状況を報告している」と語りました。その後、大隊長も大尉のところにやってきて、「肩の力を抜くように」とさりげなく注意をうながしました。

大尉は二人の言葉に丁寧に耳を傾けました。自分のキャリアの命運がかかっていることは承知していました。しかし、軍曹は無罪であると大尉は思っていました。その軍曹が罪を着せられるのはフェアではないと思っていたのです。再び、大尉は決断を迫られました。そして、決断を下したのです。大尉は副分艦隊長と大隊長に「肩の力を抜くことはできない」旨を伝えました。

月曜日の午後、いつものように訓練が行なわれていましたが、軍曹が大尉の部屋に走りこんできて驚くべきニュースを伝えました。兵舎の自分の二段ベッドの上に三十三着のアルパカのベストが置かれているのを発見したというのです。海兵隊のベストではなく、アメリカ海軍のベストで、周辺に停泊している海軍の船で入手したもののようでした。大尉と軍曹はベストを警備の任務についている軍曹のところにもって行き、受領書に署名をもらったのです。警備の軍曹は副分艦隊長にベストの所在が明らかになり、数も確認された旨を報告しました。その翌日、大尉と軍曹は、軍法会議はキャンセルされ、軍曹に対する告訴はすべて取り下げられた旨の報告を受けたのでした。

軍曹は数年後に海兵隊を除隊しましたがその前に再び昇進し、名誉除隊となりました。弱者のために危険を冒した大尉は希望していたように正規の将校となり、順調に出世して三十年間立派に勤め上げて大佐となりました。

青島の軍法会議事件から七年か八年たって、大尉は軍法会議の件について「逐一報告を受けていた」分艦隊長であった人の下で働くことになりました。分艦隊長は海兵隊の司令官になっていました。司令官は信頼できる人物を部下にしたいと思ったわけですが、この大尉は信頼できると知っていたのです。

この話はハッピーエンドを迎えました。しかし、このストーリーの中で示された勇気と、大尉が冒した危険はリアルなものでした。私がたまたまこの話を知っているのは、危険を冒した人物を個人的に知っているからです。彼は私の父親です。

人は弱者に同情します。弱者の気持ちがよくわかると言います。不利な状況の中で弱者が勝利する話を人は好みます。弱者のために一生懸命に応援します。

しかし、自分の家族、キャリア、評判が危うくなると、弱者のために戦うという危険は冒さないのが普通です。

状況は弱者にとって常に不利です。弱者は負ける確率が高いものです。弱者が正しかったとしても、心の中ではその人を支持していたとしても、実際に弱者の応援をすれば、危険を冒すことになります。人の不評を買うことになるかもしれません。仕事を失うことにさえなりかねません。自分のキャリアにおいて昇進したり出世したりする望みがなくなるかもしれません。そういうわけで、人は弱者が大好きですが、勝者のあとについていく傾向があります。優勢な人の側につきます。人に尊敬してもらえることをします。妥協します。わかりましたとうなずいて皆のあとについていきます。

弱者がみな正しいというわけではありません。弱者が戦っている問題がすべて重要であるということもありません。しかし、中には重要な場合があります。時として、あなたの助けを必要としている弱者に出会うことがあるはずです。そんなとき、あなたがあなたであるというただその理由において、あなたが正しいと信じていることの名において、力を貸すべきです。人生の終わりに振り返ってみたとき、何人かの弱者のために戦ったことこそ、人生の中でもっとも意味のあることだったという結論を下すかもしれません。

人は弱者をひいきにはするが、勝者のあとにしかついていかない。
それでもなお、弱者のために戦いなさい。

第8章　何年もかけて築いたものが
一夜にして崩れ去るかもしれない。
それでもなお、築きあげなさい。

残念なことにそれは毎日起きています。家が焼失する。会社が倒産する。財産が失われる。洪水で町が壊滅する。来る日も来る日も悲劇は起こり、人々が何年も費やして築いたものがあっという間に破壊されてしまいます。このような状況にあって多くの人々が示す勇気に私たちは感心します。そういう人たちに本当に心から同情します。その苦しみが深いものであることもわかります。

築いたものが破壊されるというのは厳しい現実です。一夜にしてそれが起こるかもしれません。築いたものが、仮にあなたが死んだ後まで残ったとしても、やがて失われる運命にあります。

それでも、それは築く価値があります。築くという行為そのものが喜びと満足をもたらしてくれるからです。

私の妻の大好きな思い出の一つに、次のようなものがあります。ある日の午後、彼女は当時四歳だった私たちの娘と砂浜で過ごしました。二人はお城の代わりに、カメさんを砂でつくることにしました。とても大きなカメさんができあがりました。背中の甲羅（こうら）も完璧で、かわいい小さな足があって、非常に賢そうな目をしていました。二人が作業をしているあいだに、潮はだんだん満ちてきていました。完成してすぐ波がやってきて、できあがったカメさんの上を流れ、周りを流れていきました。

「カメさん、バイバイ！」カメさんが波の下に消えていくのを見て娘が言いました。「カメさんは海に戻っていったのよ」と娘は母親に教えました。そのようにしてカメが海に戻っていくのはごく自然なことのように思われました。

子どもたちや友人と一緒に海辺で砂の何かをつくるとき、私は何かを創造していること、そして、一緒にいることに喜びを感じます。つくったものが永遠に存在し続けるかどうかに喜びが左右されることはありません。やがて波がやってきて、つくったものはなくなってしまうことは承知しています。しかし、なくなってしまうからといって、楽しさや思い出が損なわれるわけではありません。築くことそのものに喜びや意味があり、満足感があるのです。

幸いなことに、たいていのものは砂の建造物よりは長持ちします。中には何百年も持続するものもあります。ミケランジェロは約五百年前の人ですが、彼の大理石の彫刻作品や絵画はいまでも私たちに喜びを与え、私たちの生活を豊かなものにしてくれています。ヨーロッパに行けば八百年前に建造された大聖堂を訪れることもできますし、日本の寺院の中には千二百年以上前に建てられたものもあり、エジプトのピラミッドは三千年以上前に建てられたものです。何千年も前に書かれた古文書、法典、宗教的な文書があります。ハムラビ法典は全容を知られているものとしては最古の法典で、紀元前一七五〇年のバビロンの時代にまでさかのぼります。

このように何百年も長持ちするものもありますが、私たちがつくるもののほとんどは、私たち自身の一生よりも長持ちすることはありません。知識産業では、私たちの貢献はそれほどの時間がたたないうちに次の発見に取って代わられます。新たな真理、次世代の技術的な大発見に取って代わられます。組織の中にあっても、達成したものはたちまちのうちに色あせていきます。私たちは人を集めてチームをつくり、目標に向かって邁進(まいしん)します。その組織を離れるとき、私たちはこれからも組織にとどまる人たちの心の中に遺産を残していきます。その遺産は、組織の文化の中に反映されるでしょう。しかし、年月がたつうちに、その遺産のほとんどは失われてしまいます。あるいは、ドラマチックな変化が数ヵ月のうちに起こるかもしれません。それでも、私たちは時間の流れの中において自分自身の足跡をしるしたのです。その時間が意味のあるものであれば、感謝する理由は十分にあります。

何年もかけて築いたものが一夜のうちに破壊されてしまうかもしれません。だからといって、あなたが達成したものが変わるわけではありません。誇りと喜びをもって思いだすことができる何かを達成したのですから。

もちろん、あなたが築いたものが未来永劫(えいごう)存在し続ければ、それはとても喜ばしいことです。しかし、長持ちしないことを理由にして、築くことをやめてしまってはいけません。築くことによって得られる喜びと意味は継続するのですから。それは永遠にあなたのものなのですから。

何年もかけて築いたものが一夜にして崩れ去るかもしれない。
それでもなお、築きあげなさい。

第9章　人が本当に助けを必要としていても、実際に助けの手を差し伸べると攻撃されるかもしれない。それでもなお、人を助けなさい。

大学生のときに、アルバイトであるお年寄りの運転手をしたことがあります。彼は大きな企業の創業者で、社会的に成功を収めた人でした。知的で頭が切れる人でしたが、もはやうまく機能してくれない身体の中に閉じ込められ、歩くこともままならず、階段を登ることもできないという状態でした。食道炎のために食べ物を飲み込むことが難しく、食事の最中に食べ物を吐きだすこともありました。ひげを剃ったりシャワーを浴びたりするのも簡単ではないために、いつもだらしない感じを与えました。身体から不快なにおいが漂っていることもありました。

私の仕事は彼を公園に連れて行ったり、食事に同伴したり、とにかく彼が行きたいところに連れて行くことでした。この仕事をしているうちに、歩道の縁石、階段、スロープ、エレベーターという観点から世界を見るようになったものです。彼をどこかに連れて行くときには、階段がないルートを見つけなければなりません。三十年前のことですから、身体が不自由な人のためにスロープをつけなければならないという連邦法はまだありません。車の乗り降りに手を貸し、歩くときには腕を貸しました。彼が歩道の縁石や階段を登り降りするたびごとにかならず手を貸しました。食事をしているときでも、彼が食べ物を吐きだしたときにはいつでも、シャツやズボンやテーブルをきれいにする準備をしていなければなりません。

私たちは友だちになりました。私は彼のことが好きでした。彼のさまざまな体験を聞くのは好きでしたし、彼が達成したことは立派だと思いました。大変だったのは、彼が私のやることなすことに文句を言うことでした。車からでるのを手伝うときの補助の仕方が悪い、腕のもち方がきつすぎる、あるいはゆるすぎる、レストランに入るときに選んだ入口が悪い、テーブルが窓に近すぎて寒い、注文した食べ物がまずい、毎週毎週、どこかにでかけるたびに私のやることに不平不満が続出するのです。やることなすことすべて不満の種です。「どうなってるの。一生懸命やっているのに」と口にしたくなるときもありました。怒りを覚えることもありました。しかし、私は黙っていました。

ある日のことでした。彼が夕食にでかける準備をするのを待っている間に、彼の立場になったらどういう感じだろうと想像してみました。自分で自分の面倒を見ることができなくなってしまったら、どんな感じがするだろう。そのときはっと思い当たったのです。彼は私のやることにいらいらしているのではない。自力で車からでることができない自分、自力で歩くことができない自分、階段を一人で登ることができない自分、食事をしていてもいつ食べ物を吐きだしてしまうかわからない自分、そういう自分にいらいらしているんだということに思い当たったのです。人生にいらいらしているのであって、私にいらいらしているのではないということに気がついたのです。このことに思い当たったとき、すべてが簡単になりました。彼の不平不満は止まりませんでしたが、それはもう気にならなくなったのです。

誰でも、人生のある時点で何らかの助けが必要になるものです。物事をどう処理するか、問題にどう対処するか、時間の使い方、お金の使い方、人生をどのように生きるか、人間関係の問題、決断を迫られたとき、道徳的なジレンマに直面したとき——私たちには誰かの助けが必要になります。何でも知っている人はいません。何でも一人でできる人も存在しないでしょう。生き残っていくためには、そして、幸せになるためには、自分にはいま助けが必要だと知ること、その助けがどこに行けば得られるかを知ることが不可欠です。

助けを必要としている人の中には、助けが必要なことを否定する人もいます。自分の能力が不充分であるという事実に直面したくないのです。また、助けを必要としていることを否定はしないけれども、助けてもらうとそれを恨みに思う人がいます。自分が無力であることを認めたくないし、人に依存したくない人です。無知であると思われたくないのです。誰だって無知であると思われたくはありません。そういう人々は、助けが必要なことは一目瞭然でも、助けてあげようとするとネガティブな反応を示します。助けようとしているあなたを攻撃しようとさえするかもしれません。

そういう人はプライドとか、セルフイメージのために苦しんでいるのかもしれません。どうすればよいのかわからないという事実を認めることができないのかもしれません。現在置かれている状況は自分が望むものではないこと、あるいは、人生の流れが変わってしまったという現実を認めることができないのかもしれません。

もちろん、間違った援助を与えてしまったり、間違ったやり方で助けの手を差し伸べてしまうという可能性もあります。人を助けてあげるときにはその人の尊厳を損なうことなく、選択肢を残しておくことが大切です。助けを必要としているかどうかを慎重に見極め、必要としているとすれば、どういう助けが適切であるかを知る必要があります。私たちの助けを必要としていることを知っているからといって、恩着せがましい態度をとったり、えらそうにふるまったりしてはいけません。助けを必要としている人の中には裏切られた経験がある人もいます。その経験のために、もう二度と裏切りや失望を経験する危険を冒したくないと思っている人もいます。そういう人が心を開き、信頼を寄せてくるまでには時間がかかります。

ある人が助けを必要としているかどうか確信がもてないときは、基本的なニーズについて考えてみるとよいでしょう。衣食住が人間のニーズのもっとも基本的なものです。友だちも必要です。意味のある活動も必要でしょう。観察し、質問し、耳を傾けることによって、その人が必要としているものが何であるか、それを満たす最善の方法が何であるかがわかるでしょう。

いたるところに本当に助けを必要としている人たちがいます。あなたが彼らを助ければ、彼らはあなたを攻撃してきます。しかし、その攻撃はあなたに対するものではありません。自分が置かれている状況に怒りを感じているのかもしれません。無力感、あるいは、助けてもらわなければならないという気持ちと戦っているのかもしれません。彼らが攻撃してきたからといって助けの手を引っ込めないでください。あなたのことを何度も何度も助けてくれた人がいるはずです。今度は、あなたが助ける番です。適切な方法で人を助けてあげることによって得られる深い意味を楽しんでください。人が人生を向上させるお手伝いをすることによって得られる、生きることの意味を楽しんでください。

人が本当に助けを必要としていても、
実際に助けの手を差し伸べると攻撃されるかもしれない。
それでもなお、人を助けなさい。

第10章　世界のために最善を尽くしても、
その見返りにひどい仕打ちを受けるかもしれない。
それでもなお、世界のために最善を尽くしなさい。

西部劇映画の古典(クラシック)『真昼の決闘』の中で、ゲーリー・クーパーが町に平和と秩序をもたらした保安官ケーンの役を演じています。保安官として長年勤め上げた彼は、結婚する決意をして、保安官のバッジをはずし、町を去ることにします。結婚式が終わった直後に、ずっと昔に彼が逮捕したガンマンが刑務所をでて、二時間後に町に戻ってくるという知らせを受けます。このガンマンの三人の旧友が駅で彼を待っています。彼らは、四人で力をあわせてケーンを殺そうと計画していたのです。

ケーンは町にとどまって戦うことにします。彼は再びバッジを胸につけ、町の人々に一緒に戦ってくれるようにと依頼します。しかし、彼らは拒否します。ケーンは四人のガンマンと一人で戦う羽目になります。

町の人々はケーンを尊敬していました。多くの人たちは、長年にわたって町に平和をもたらしてくれたケーンの勇気に感謝していました。ケーンは町の人々のために最善を尽くしたのです。しかし、ケーンが助けを必要としているとき、町の人々は彼が銃弾に倒れるのに任せたのです。それでもケーンは町の人々のために最善を尽くします。彼はとどまって戦うのです。

あなたが最善を尽くしても、その後で何が起こるかを判断するのは困難です。感謝され、人々に支持されるかもしれません。しかし、最善を尽くした結果、人の羨望を買い、敵をつくることになるかもしれません。自分を利するような不純な動機があるのではないかと責められるかもしれません。うその友だちと本物の敵をつくることになるかもしれません。小さな心をもった小さな人々によって撃ち落とされるかもしれません。何年もかけて築いたものが破壊されるのを目撃することになるかもしれません。あなたが助けている人々によって攻撃されるかもしれません。正義の戦いを一人で戦わなければならない羽目におちいるかもしれません。最善を尽くすことの代償は高くつく可能性があります。しかし、それよりも高くつく唯一の代償は、最善を尽くさないことです。最善を尽くさなければ、あなたは本来のあなたではないのですから。

あなたはユニークな存在であることを決して忘れてはなりません。遺伝子的にユニークであり、才能と体験の組み合わせにおいてもユニークな存在です。ということは、あなたにしかできない貢献があるということです。世界のために最善を尽くすことによって、その責任を果たすことができます。

考えてみてください。最善を尽くしたくない人など、そもそもいるでしょうか。最善を尽くさずに控えめにする理由などあるでしょうか。何かをやるときに、二流の結果をだしたいと思う人などいるでしょうか。

もちろん、思いやりや作戦、タイミングは大切です。最善を尽くすための適切な機会は探すことも創りだすこともできます。しかし、将来に向けて技術を磨いているときでも、いま現在のあなたの最善を象徴するものがあるはずです。最善を尽くすということは、その準備ができたあとですることではありません。毎日実行することです。いますでにあなたはユニークな存在です。いますでにあなたには提供できる何かがあるのです。

いま最善を尽くしていないとすれば、どういう世界のためにあなたは自分の最善をとってあるのでしょうか。

あなたに与えられているのはいまのこの人生です。この人生を最大限に生かすこと、それがあなたの仕事です。この世界があなたのやることにどのように反応するか、それは重要なことではありません。一人の人間としての意味は、何であろうと自分の最善を尽くすことから生まれます。

世界のために最善を尽くしても、
その見返りにひどい仕打ちを受けるかもしれない。
それでもなお、世界のために最善を尽くしなさい。

第3部　逆説的な人生

Living the Paradoxical Life

逆説的な人生

逆説の10ヵ条を受け入れれば、この狂った世界で人として生きる意味を見出すことができるでしょう。逆説的な人生を送るとき、あなたは解放されるでしょう。

逆説の10ヵ条に従うことによって、本来のあなたになることができます。人生の本質ではないものから解放されます。真の満足をもたらしてくれないものから解放されます。本当に大切で、人生を豊かにしてくれるものに心の焦点をしぼることができます。

逆説の10ヵ条は富、権力、名声といった一般的な成功の象徴に的をしぼったものではありません。意味に的がしぼられています。人を愛すること、良いことをすること、正直であること、大きな考えを抱くこと、弱者のために戦うこと、築くこと、他の人を助けること、世の中のために最善を尽くすことによって得られる「意味」に焦点がしぼられています。一つひとつの行動がそれ自体で充分でありえるのです。その行動から何かが生まれるか生まれないかとは関係がありません。逆説の10ヵ条を生きるとき、一つひとつの行動がそれだけで完璧になります。なぜなら、一つひとつの行動それ自体に意味があるからです。

どうすれば逆説的な人生を生きることができるのでしょうか。それは、他の人に焦点をしぼることによって、そして自分自身よりも大きな何かになることによって可能になります。愛している人たちに愛の焦点を合わせます。理想を達成する活動に参加する、組織の一部になる、宗教を実践する、このような行為によって、自分自身よりも大きな何かの一部になることから得られる意味を体験することができます。

あなたの「内面」に必要な意味を、「自分の外」に目をやることによって達成することができます。つまり、他の人を愛し、手を貸すことによって達成できます。詩人のエミリー・ディキンソンは百年以上も前に次のように言っています。

一つの心が壊れるのを止めることができたなら
私の人生は無駄ではない
一つの生命の痛みを和らげることができたなら
一つの苦痛をさますことができたなら
気絶した一羽のコマドリを
巣に戻してあげることができたなら
私の人生は無駄ではない

ささやかな方法であれ、大がかりな方法であれ、他の人に援助の手を差し伸べるとき、自分の人生は無駄ではないということがわかります。他の人の人生に違いをつくることによって、あなた自身の人生に意味が与えられます。

実際のところ、これ以外に歩むべき道はありません。人にはたくさんのニーズがあるということがわかった場合、あなたには基本的に三つの選択肢しかありません。

1　何もしないで、他の人が必要としているものを無視する。これは道徳的に誤った選択です。

2　他人の弱みに付け込んで、その人のニーズを冷笑しながら搾取して、その人を犠牲にして自分自身の利益を求める。これは道徳的にはさらに悪い選択です。

3　正しいことをして、人のニーズを満たそうと努力する。

三番目の選択が唯一の道徳的な行動です。これだけが愛に基づいた選択であり、希望を生みだすことができる選択です。こうして達成したいことが達成できなかったとしても、それは正しい選択です。

正しいこと、良いこと、真実であることを行なおうとして失敗したと思った場合、他人を搾取してやろうという冷酷な選択をする誘惑に駆られるかもしれません。あるいは、何もしないという無関心の選択の誘惑を感じるかもしれません。しかし、思っていたようにことが運ばなかったからといって、あるいは、してあげたことを他の人が感謝しなかったからといって、非道徳的な二つの選択に走る正当な理由にはなりません。

結果を見届けることが必要です。そして、結果を見届けることに心を集中する必要があります。マイナスのフィードバックがあったときには、やっていることを再考する必要があるでしょう。教訓はなんだろうか。次は別なやり方でやるべきだろうか。本当に人の助けになっているだろうか。もっと良い助け方があるだろうか。自分以外に適任の人がいるだろうか。耳を傾け、観察し、じっくりと考え、適切な調整をはかることが重要です。しかし、教訓を学び、調整するということは、あきらめることではありません。良い反応を得られなかったことを理由にして、あるいは、思っていたような成功を収めることができなかったからといって、あきらめるべきではありません。

評価の問題は確かに大きな問題です。多くの人は自分がやっていることに対して充分な評価を受けていないと感じています。上司は自分を評価してくれない。だから、彼らのために最善を尽くす必要などないと感じています。この問題に対する答えはこうです。私たちはみな自分自身の誠実さと基準をもっていて、それに基づいて立派な仕事をすることにより意味や満足感を得るということです。私たちがやることを誰も知らなくても、誰も評価してくれなくても、それは問題ではありません。そんなこととは無関係に、私たちは正しいことをしなければなりません。これは**自分の問題**であって、**他人の問題ではない**のです。これは私たち自身がどれだけ気にするかという問題であって、他の人がどれだけ気にするかという問題ではありません。

評価されたいという願望をもつのは当然です。しかし、他人の拍手喝采を切望すると、意味を見つけることは難しくなります。拍手喝采を切望する人は、他人が必要としているものに心の焦点を合わせる代わりに、拍手喝采を得ることに心の焦点を合わせてしまいます。それだけではありません。人は時として拍手喝采することを忘れるものです。したがって、拍手喝采を切望する人は、自分の幸せを他人の気まぐれな心の動きにゆだねることになります。これとは対照的に、他人に援助の手を差し伸べることによって得られる意味や満足感は常にあなたのものです。拍手喝采を受けるか受けないかとは無関係です。

これは聖人君子の話に聞こえるかもしれません。しかし、逆説の10ヵ条を生きるということは聖人君子になることではなく、正常な人間として生きることです。拍手喝采を受けても、他人に認めてもらっても、他人を愛し、助けることほどの意味は与えてくれないということです。他の人たちが評価してくれないようだという理由で、愛することをやめたり、援助の手を差し伸べることをやめたりするべきではありません。

逆説的な人生を送るということは、あるタイプの人間になるということです。つまり、あなたが属する社会や会社がプレッシャーをかけてこうなりなさいといっているような自分になるのではなく、本当の自分、あるべき自分になるということかもしれません。自分にとって一番大切なものとは何だろうと問いかけ、その価値観を生きることです。それは人間としてのあなたの誠実さ、完全さ、信憑性の問題です。

逆説的な人生を送るとは、そのコースにとどまることができるかという能力の問題でもあります。最初に自分自身の面倒をしっかりと見ることができれば、他の人を愛し助ける能力はさらに助長されます。規則的に運動して、正しい食事を摂り、充分な睡眠をとることが大切です。スピリットを再生するために時間を取るべきです。成長するための新しい方法を発見する必要があります。この世界に対する新しい理解の仕方を発見する必要があります。あなたの前に提示される問題をすべて引き受けることによって重荷を背負いすぎてはいけません。選択することが大切です。バランスをとることです。燃え尽き症候群にかかったりすれば、人を愛し、人を助けるエネルギーがなくなってしまいます。

誰でも目的をもって生まれてくると私は信じています。この目的を発見して達成すれば、限りない意味と満足感を得ることができます。その目的とは何でしょうか。愛する人たちのために、友人たちのために、社会のために違いをつくりだすことと関係があると私は信じています。

それでは、どうすれば違いを生みだすことができるのでしょうか。世の中には大きな問題がいろいろとあります。戦争、飢餓、病気、環境破壊などは大きな問題です。犯罪、失業、人種差別、薬物濫用、教育や医療へのアクセスなどの大きな問題もあります。

自分自身を含めた家族や友人、隣人などに直接影響を及ぼすような問題に献身的に取り組むことによって、人は生きることの意味を発見することがあるものです。聖書の中のよきサマリア人のように、たまたま遭遇した問題に取り組むのです。聖書の中のサマリア人は、殴られて身ぐるみはがれて道端に倒れている人と出会います。サマリア人はその人を宿につれていき、世話をしてあげるのです。聖書では貧しい者、寡婦、孤児のニーズに特に注意を払っています。

小さなニーズであれ、大きなニーズであれ、短期間であれ、長期間であれ、近くにある問題であれ、遠くにある問題であれ、あなたが行動を起こせばかならず違いを生みだすことができます。人間の基本的なニーズを満たしてあげれば、きっと違いを生みだすことになるはずです。人間の基本的なニーズは世界中どこでもそれほど変わることはありません。人間にまず必要なのは衣食住です。そして、健康、安全な生活環境、学ぶための機会、成長するための機会、やりがいのある仕事、友人や家族との時間、帰属意識、人間としての尊厳、平和、正義も必要です。

もっとも基本的なニーズを満たすことに力を貸すことによって、大いなる意味を発見することができます。ですから、どうぞ行動してください。世界の平和のために活動してください。正義のために力を尽くしてください。環境を守ってください。飢餓や病気と戦ってください。人に読み方を教えてください。子どもに歌を歌ってあげてください。十代の若者を導く存在になってください。毎日、何かをしてください。来る日も来る日も、何かをやり続けてください。

ジャン・ジオノが書いた『木を植えた男』という素敵な物語があります。主人公はフランス人で、二十世紀のはじめにフランスの南東部に住んでいた人です。彼は荒地に住んでいましたが、そこはかつては森林で、村落もあったところです。彼の生活は単純そのものでした。毎日木を植える、それが彼の生活でした。来る年も来る年も、種を一つずつまき続けました。やがて、彼が植えた木は成長して森となり、森のおかげで土の中に水が保持されるようになり、他の植物も育ち始め、鳥も巣をつくるようになり、小川ができ、人も戻ってきて家を建て住み始めます。彼が晩年を迎えるころには、かつての荒地はがらりと変貌を遂げ、自然が完全に復活したのです。

この物語は意味のある人生についてのわかりやすいたとえ話です。毎日、人のために希望を植え、幸せを育てる人生です。毎日子どもと接する親、ガーディアン、里親にとって、特に意味のあるたとえ話です。それは単調でつまらない仕事かもしれません。しかし、それは大きな影響力をもった仕事であり、しかも、その影響力は長い間持続します。

究極的には、誰が一番大きな影響力をもっているのでしょうか。地域社会のリーダー、国のリーダー、国際的なリーダーには影響力があります。しかし、このようなリーダーの多くは、少数の人に大きな影響を与えるというよりは、多数の人に小さな影響を与える人たちです。これに対して、両親、親戚、友人は、少数の人、特に子どもたちに対して大きな影響力をもっています。

子どもがどのような体験をするかということほど、重要なことはありません。子どもに希望があれば、世界に希望があります。子どもにとって希望がなければ、希望はまったくありません。世界の未来は、いまこの子どもが成長してどのような大人になるかにかかっています。

子どもにはたくさんの愛情とケアが必要であることは誰でも知っています。赤ちゃんにはたくさんの刺激が必要ですし、少し大きくなってくると方向付けや友情が必要になってきます。シングルペアレントの家族であれ、両親がいる場合であれ、最近は親がみな家の外で仕事をするという状況があります。そういう中で、多くの子どもたちは必要な刺激や、方向付けや、親との友情を手に入れることができないでいます。その結果生じるマイナスの影響は非常に大きなものであり、一生続く可能性もあります。

過去三十年の間に脳の発達について私たちは驚くべきことを発見しました。生まれたばかりの赤ちゃんにあっては、脳の何十億というニューロンはまだプログラムされておらず、外部の刺激に反応して初めて脳の回路に接続するというのです。基本的には、刺激の豊かさと多様性が子どもの脳の構造と能力を決定するのです。

誰でも子どもの発達にプラスの影響を及ぼすことができます。たとえば、誰でも赤ちゃんをだっこすることはできますし、歌を歌ってあげることもできますし、一緒に遊んであげることもできます。いろいろなサイズのもの、いろいろな形のもの、いろいろな色のもの、いろいろな肌触りのものに触らせてあげることもできます。誰でも赤ちゃんに音楽を演奏してあげることができます。散歩に連れて行くこともできるし、ボール遊びもできるでしょう。ということは、自分にできる簡単なことを愛情をこめてやることによって、誰でも人の人生を変えることができるのです。

これは子どもに限ったことではありません。ある調査で、若い人たちに何がほしいかという質問をしたときに、多くの若者は、親やガーディアンや自分のことを気にかけてくれる大人ともっと一緒に過ごしたいと答えています。三分の二の若者は、自分が信頼している大人で、自分を尊敬してくれる大人ともっと一緒に過ごしたいと答えています。

年齢によって分断されている社会にあっては、若者と大人との間に充分な交流がありません。でも、それは変えることができます。若い人には、自分の言うことに耳を傾けてくれ、教えてくれ、力づけてくれ、何かを達成したときには共に喜んでくれる大人が少なくとも一人は必要です。大人の誰もがメンターになることが可能です。若者と週に何時間か過ごし、若者が人生を生きる上での術（すべ）や、人との付き合い方について学ぶ手伝いができるはずです。そうする中で、若者は人生を粘り強く生きていく健全な態度を身につけることができるでしょう。メンター、コーチ、日曜学校の先生、スカウトのリーダーなどを務める大人たちは、若い人たちのために時間を割き、身につけた人生の知恵や体験を分かち合うことによって、ものすごい違いを生みだすことができます。このようにして、若者の身を案ずる大人になれば、若者たちに希望を与えることができます。彼らがおちいりがちな落とし穴を避けるように手を貸すことができます。

逆説的な人生を送る中で、人を愛し、人に援助の手を差し伸べることによって、大いなる人生の意味を見出すことになります。他の人が人生の意味を見つけることの手伝いをすることによってもまた、大いなる意味を見出すことができます。あなたが学んだことを他の人も学べるように手を貸してあげてください。他の人が逆説的な人生を発見し、それを生きるようにあなた自身が一つの模範例になってください。

これは希望に満ちた未来につながります。ますます多くの人たちが「成功」よりも、「生きることの意味」に心の焦点を合わせるようになれば、世の中は変わり始めるでしょう。見返りを期待することなく、ごく自然に人助けをするようになるでしょう。

会社の組織の中で誰が出世するかなどということは気にしないで、お互いに助け合うようになるでしょう。自分が大切だと思うことのために人生を生き、心の命じるところにしたがって、自分の人生の使命を果たすようになるでしょう。たとえ、それが権力や富や名声に結びつかなかったとしても。あらゆる決定は、対抗意識に基づいてではなく、一人ひとりにとっての最善、会社にとっての最善、社会にとっての最善という観点からなされるでしょう。自分自身の権力を強くするために問題をつくりだしたりせずに、自分にとっての意味を高めるために問題を解決するようになるでしょう。意味志向の人たちが社会の先頭に立って、評価されるとか拍手喝采を浴びることなど意に介さずに、本当に必要な問題に取り組み、本当の問題を解決していけば、世の中はずっとましな場所になるはずです。

あなたが何をする選択をしたとしても、一つのことだけは確実です。逆説的な人生を送ると、この狂った世界において生きることの意味を発見できるだろうということです。あなたは違いを生みだすでしょう。人の人生を変えるでしょう。

あなたが変えるであろう人生の一つは、あなた自身の人生です。

訳者あとがき

一冊の本には、それぞれ誕生にまつわる物語があるものです。本書もまた例外ではありません。それは著者が、「はじめに」の中で詳しく説明しているとおり、非常にドラマチックな物語です。著者が三十年前に記した「逆説の10カ条」は、彼の知らぬ間にマザー・テレサの言葉として世界を駆け巡っていたのですから。

ところで、私が本書を日本語に翻訳することになった経緯においても、ささやかな物語がありました。二〇〇一年の夏、ハワイのカウアイ島に旅行したときのことです。妻のジャネットが書店でたまたまこの本を目にして、ふと著者名を見るとKent Keith

とありました。妻ははっとして、これは高校時代に知り合いだったケントのことだろうかと思い、早速本を購入して読みました。ジャネットは高校時代、ハワイのガールスカウトのリーダーをしていて、高校は違っていましたがケントとも交流があったのです。ケントの誠実な人柄もよく知っていましたから、この本の中で語られていることがいかに真実であるか、そして、ケントがその真実を体現した人であることもよく知っていました。

このメッセージはぜひ日本の人にも伝えるべきだと思ったジャネットは、早速、ケントに連絡をとって、日本で翻訳権を取得している出版社を突きとめ、翻訳者として私を売りこんだのです。そして、私が本書を翻訳することになり、今こうして読者の手元に届けることができたわけです。

私は涙の真実性を信じているようなところがあります。逆の言い方をすると、深い真実に触れるとすぐに涙が出てきてしまいます。本書を読んでいるときにも何度かそういう体験をしました。とくに、十八歳のケントがサマーキャンプのリーダーとして多くの高校生を前にして、心に響く話をした後で、キャンプの責任者にリーダーとしての職を解任されて、夜遅くにもかかわらず、バスの停留所に連れて行かれるエピソードがあります。

生徒たちを煽動するような話はしないでほしいとの責任者の依頼に逆らった結果でした。しかも、ケントがしたのは煽動的な話ではなく、自分のことだけを考えるのをやめて、リーダーに選んでくれた一般生徒のことを考えた学校作りをしようじゃないかという話だったのです。しかし、責任者としては、波風立てるようなことはせず、感じの良い話をしてほしかった。

ケントは感じの良い表面的な話をする気にはなれませんでした。それはケントにとって〝意味のある〟話ではなかったのです。多くの高校生と分かち合うその時間の中で、〝違いを起こしたい〟、それがケントの願いでした。しかし、違いを起こそうとするとかならず波風が立ちます。キャンプの責任者はそれを嫌ったのです。

このエピソードを翻訳しながら、ハンガープロジェクトのことを思い出しました。ハンガープロジェクトは三十四年前にアメリカで始まった活動で、世界の飢餓を自分たちの手で根絶しようという非政府組織（ＮＧＯ）です。日本で活動を開始したのが一九八四年、妻と私もそのとき以来ずっとかかわっているものです。このプロジェクトにはいくつかの特徴があります。最大の特徴は、〝飢餓を終わらせる〟という言葉を初めて使ったことです。それ以前にも数多くの組織が飢餓の問題に取り組んでいたわけですが、〝飢餓を終わらせる〟という概念は存在していなかったのです。飢えている人たちがかわいそうだから助けてあげようという考え方が支配的でした。国連をはじめとしてさまざまな国際機関が飢餓の問題に取り組んでいましたが、貧しい人たちを助ける慈善的な行為としての援助活動が主たるものでした。

そういう風潮の中で、ハンガープロジェクトが〝飢餓を終わらせよう〟と呼びかけたのです。つまり、ただかわいそうだから助けてあげようと言うのではなく、〝違いを起こそう〟と言ったのです。当然波風が立ちました。他のＮＧＯから、〝そんなことはできるはずがない〟、〝傲慢だ〟といった声があがりました。ケントが言うところの逆説の10カ条を体験することになったのです。しかし、着実な成果を挙げる中で、ハンガープロジェクトは今では国際的にもっとも評価されているＮＧＯの一つになっているのです。

ただ表面的に格好をつけるような生き方はやめようじゃないかとケントは呼びかけています。それではむなしさが残るだけです。自分の心の奥深くを見つめ、本当に意味があると感じることをやろうじゃないかと語りかけています。他人にどう評価されようとそれは問題ではない、本当の自分が納得できること、それが一番大切なのだと彼は言っています。そして、彼はそのメッセージを生きています。

本書を翻訳出版するにあたり次の方々にお世話になりました。このすばらしいメッセージを人生の体験から汲みとって伝えてくれたケント、精神的なサポートをくださったケント夫人のエリザベス、高校時代以来の旧交をもとに仲立ちをしてくれた妻のジャネット、訳稿を丁寧に見てくださった早川書房の小都さん、また新たにソフトカバーで出版するにあたり、用語使いの簡略化などお世話をいただいた早川書房編集部の三村さん。ほんとうにありがとうございました。

なお、本書やその他の情報源をもとにしたワークショップを開いています。私のホームページもありますのでよろしかったらおいでください。

問い合わせ先

大内ジャネット　〒四〇一－〇五〇二　山梨県南都留郡山中湖村平野
三六二三－一
Eメール　janet@mfi.or.jp（メールは日本語でOKです）
ホームページ　http://www.mfi.or.jp/hiroshi/

＊訳者の大内博氏は既にお亡くなりになりましたが、ワークショップはジャネット夫人により継続されています。（編集部注）

解説

人間のあるべき究極の姿

元東レ経営研究所社長／佐々木常夫マネージメント・リサーチ代表
佐々木常夫

この本のことは、以前から耳にしていました。「逆説の10カ条」の中で、とくに気になったのは第一条の「人は不合理で、わからず屋で、わがままな存在だ。それでもなお、人を愛しなさい」です。ふつうの人間が実践するのはとてもむずかしいと思いますね。どんな人間でも、まわりのすべての人を愛している人はいません。常人がやれないことが書いてあるからこそ、この言葉は重いのです。みんな、心の中ではそうあらねばならないと思っているわけですから。

東レ経営研究所の社長を務めた私の経験からすると、経営者の多くはこの本を敬遠するでしょうね。本書に書かれているようなことをやらないで、偉くなってきている人が多いからです。つまり、ある意味人に冷たくして生きてきた人たちだから。そうでないと偉くはなれないですよ。それが社会の現実です。ですから「逆説」だし、本書のタイトルにはドキリとさせられるんです。

第一条は、会社の中で課長や部長を務めてきた体験からして、プラクティカルとは言えないかもしれません。さまざまな多くの部下をコントロールする立場にある人が、「それでもなお、人を愛しなさい」と言われても、なかなかできないですよ。

会社の仲間は家族であり、部下や上司とは仲良くやるというのが私の信条で、実際にそうしてきました。それでも、十人に一人はいやなやつがいます。怠け者で、わがままで、チームとして仕事ができない人間。そういう人間は、最終的にははずすしかないんです。それが管理者の心得ですよ。会社は売上をつくり、利益を上げるのが仕事で、いわば戦闘集団なのです。

弁護士の中坊公平さんが「正面の理、側面の情、背面の恐怖」ということをおっしゃいました。部下には、まず正面から理屈でさとす。ときどき脇から情けをかける。

それでも言うことを聞かないやつはクビだという恐怖感を醸しだす。そうでなければマネジメントはできません。

ただし、はずした人が本当にアウトローか、変わらないのかと思うことはありますよ。愛情を注げば変わるかもしれない。でも、それをやりだすと手間暇かかって仕方がない。愛情を注ぐというのは時間がかかり、手間がかかることなんです。赤の他人にそこまでの時間とエネルギーをかけていられないというのが、ふつうの人間の実感です。

マズローの「欲求の五段階説」がありますね。人はなぜ働くのか、その心理について考察したものです。まずは生きるため、金を稼ぐために働く、そこから段々発展していきます。自己実現のため、己を磨くため、世のため人のためなど、レベルが上がっていく。「逆説の10カ条」の第一条で説かれているのは、この五段階をさらに超えた最終の姿、つまり自己超越なんです。ふつうの人は、五段階の途中で止まってしまうので、そこまでいけません。世のため人のために働くといっても、実際は特定の人のためですから。万人のために働く人はほとんどいませんよ。それをやったのが、マザー・テレサやガンジーでしょう。人間として、到達すべき世界（境地）を「それでもなお、人を愛しなさい」という言葉に重ねるので、多くの人が惹かれるのではないでしょうか。

私にとって、家族に関してはこの第一条はすんなり当てはまります。家族には「無償の愛」を注ぎます。妻が肝硬変からうつ病を併発し、自殺未遂を繰り返しても、長男が自閉症をもって生まれてきても、すべて私の愛情の対象です。自分の選んだ結婚だし、自分がもうけた子供ですから。作家のよしもとばななさんが、佐々木さんの愛とは「ひたすら責任をとること」だと書いてくれましたが、確かにそうかもしれません。自分が選んだ人生の中で最大限の努力をするというのが私の信念です。

自閉症の長男の関係で、障害児支援の現場で出会った人の中には、他者に対する「無償の愛」を感じる方々もいました。たとえば「横浜市自閉症児・者親の会」の会長になられた方です。息子さんが自閉症で、私の長男が幼いころにはよく一緒に山登りに行きました。彼は自分の子どもが来なくても、親一人だけでも来る。よその子である私の息子の話を何時間でも聞いてくれました。でも、こんな人はごく一握りです。

家族のような自分に身近な人間であれば、愛する気持ちが生まれるわけです。子どもがグレても、どんな悪事を働いても親はかばおうとする。でも、それによって相手が変わってくれなければ、変わりもしないものを愛し続けられないし、意味がないと感じてしまいます。愛するのは、いつか相手もわかってくれると思っているからですよ。

だから、愛にも功利主義があるのかもしれません。愛することで、その人が変わるはずだと思うわけです。迫害を受けた宗教家が相手を愛そうとするのは、そうすることで「不合理で、わからず屋で、わがままな」相手が変わることを期待するからではないでしょうか。愛の力で変わらない人だったら、愛する意味はあるのでしょうか。

先日、TVで映画『明日の記憶』（渡辺謙、樋口可南子出演）を見ました。若年性認知症になった夫を介護する妻の話です。妻は、それまでの夫婦の愛の歴史があるから、夫を懸命にサポートしようとする。しかし、あるとき旦那さんから「あなたはどなたですか?」と聞かれてしまう。夫に忘れられてしまったのです。その時の奥さんのショックは如何ばかりだったか。映画はそこで終わりますが、それからも彼女は彼を愛し続けられるのでしょうか。妻がどれほど愛を注いでも、夫はおそらく何も感じないし、わからないでしょう。マザー・テレサが同じ立場にいても、愛せるでしょうか。こう考えると、家族の間の愛情にも功利主義があるのかもしれません。

しかし、家族も会社も愛が足りない時代です。人を愛さない人が多くなっていると感じます。私のいた会社を見ていても、愛というか、まずコミュニケーションが足りないと感じます。だからこそ、この本は読まれるべきなのでしょう。本書が広まることで、世の中が少しでもよくなってくれればいいと思います。

「逆説の10ヵ条」の第二条以降は、そうしたほうが自分にとって得になるし、「リターン」が大きいんですよ。

第三条の「成功すれば、うその友だちと本物の敵を得ることになる」に関しては、地位が高くなればみんな近寄ってきますよ。だから、その地位から降りたときに、その人の品格、すなわち人間的な実力がわかるんです。すぐ人が離れていくのは、その人に人間的魅力がないからです。

第五条の「正直で率直なあなたでいなさい」に関して言うと、逆にそうしないほうがむずかしいでしょう? つねに芝居をするわけだから。悲しい時に笑い、うれしい時に泣くわけでしょう。がっくりきたら泣いたらいいじゃないですか。そのほうが楽ですよ。演技はまわりにわかります。自分が感じたとおりに動いたらいいんです。

先日、講演に呼ばれて沖縄に行きました。講演の中で、妻がうつ病から三度自殺を図った話をして、「そういえば、今日は家内が来ています。紹介します」と言ったら、会場が「ウヮァー」とどよめきましたよ。あとで「よく奥さんのいる前で、あんな話ができますね」と驚かれましたが、私も家内も平気ですよ。私は家も会社も外でもみな同じ態度で、場所で変えないから。いちいち変えていたら面倒ですよ。

娘も同じです。やはりある講演会で、娘が学生時代に自殺未遂をした話をして、娘が会場に来ていますと言ったら、みんなびっくりしていました。でも、私は同じ話を家庭でもしていますから。協力して病気の妻と長男の面倒を見た「戦友」同士という事情はあるかもしれませんが、娘とは何でも話せます。彼女には娘である前に一人の女性として接しています。娘のことを知りたいし、相談も受けたいし、一緒に食事にも行きたいですから。そういう話をすると羨ましがられますが、羨ましかったらやったらいいのに。努力しなくてもできますよ。

第七条の「弱者のために戦いなさい」にはどんなリターンがあるのか？　どのような社会にも、強い人と弱い人がいます。放っておくと、強い人はどんどん強くなり、弱い人はどんどん弱くなります。そういう社会はつねに不安定です。だからこそ、弱い人を引きあげるような措置が欠かせません。自分たち自身、そして社会全体の幸せのためにも、弱い人のために戦う必要があるのです。これは、貧富の差の問題に限らず、会社内での主張の強弱などにも当てはまります。

私は、ビジネスを離れたところで、みんなを愛して、みんなから愛されたなら、人間にとってそれが一番幸せなことだと思います。家族に無償の愛が注げるのなら、その近くの人にもできるはず。もうちょっと離れた人にもできるかもしれない。そうやって広げていって、人間社会全体が住みやすくなればいいと思います。

いろいろ言いましたが、本書は心に響く本ですよ。「逆説の10カ条」は、普段の仕事や家庭でも生かせると思います。万人を愛さねばならないわけではないですから。私の周りにも、仕事でチームを組んでいるのに仲良くできない人がいます。それこそ、この本を読んでほしい。

本書を読んで、いまの自分の行動を修正する人もいるでしょう。家庭も職場も愛が希薄な時代だからこそ、心に留めてほしいメッセージを含んでいると思います。（談）

――二〇一〇年七月二十九日、於・東レ経営研究所

本書は、二〇一〇年八月に早川書房より単行本
として刊行された作品を文庫化したものです。

訳者略歴　翻訳家，上智大学外国語学部卒業，ハワイ州立大学大学院修了，元玉川大学文学部教授　著書に『英語・日本人の致命傷』『「人を動かす」英語の名言』（共著）他　訳書にロッツ『シャンペン・スパイ』（早川書房刊）など多数

HM=Hayakawa Mystery
SF=Science Fiction
JA=Japanese Author
NV=Novel
NF=Nonfiction
FT=Fantasy

それでもなお、人(ひと)を愛(あい)しなさい
人生の意味を見つけるための逆説の10カ条

〈NF476〉

二〇一六年九月十日　印刷
二〇一六年九月十五日　発行
（定価はカバーに表示してあります）

著者　ケント・M・キース
訳者　大内(おおうち)博(ひろし)
発行者　早川浩
発行所　株式会社早川書房
郵便番号　一〇一 - 〇〇四六
東京都千代田区神田多町二ノ二
電話　〇三 - 三二五二 - 三一一一（大代表）
振替　〇〇一六〇 - 三 - 四七七九九
http://www.hayakawa-online.co.jp

乱丁・落丁本は小社制作部宛お送り下さい。
送料小社負担にてお取りかえいたします。

印刷・精文堂印刷株式会社　製本・株式会社フォーネット社
Printed and bound in Japan
ISBN978-4-15-050476-2 C0198

本書は活字が大きく読みやすい〈トールサイズ〉です。

江戸紫絵巻源氏（上下）
井上ひさし

神田の質屋の跡取り息子・源次はさるお大名と遊女桐壺の一粒ダネ。ひょんなことから奥州六十万石館家の殿様に成り上がった源次の波瀾万丈、酒池肉林、抱腹絶倒の半生記。（駒田信二）

い-3-12

イヌの仇討
井上ひさし

本所吉良屋敷内の炭部屋、赤穂浪士の討手をのがれ、身をひそめた上野介の隠し砦。かつて書かれざる最後の一刻余をえがくこれぞ井上戯曲の真骨頂というべき奇想あふれる忠臣蔵秘話！

い-3-17

受城異聞記
池宮彰一郎

幕命により厳寒の北アルプスを越えて高山陣屋と城の接収に向かった加賀大聖寺藩士たちの運命は？　表題作ほか、「絶塵の将」「けだもの」など絶品の時代小説五篇収録。（菊池仁）

い-42-1

小説・徳川三代
家康・秀忠・家光をめぐる人々
伊藤三男

本多正信・正純親子、大久保忠隣、春日局といった将軍の重臣や乳母たちの権力をめぐる闘いに注目し、現代の企業小説にも通じる感覚で、人間の有為転変の儚さを描く書き下ろし長篇。

い-43-1

幻の声
髪結い伊三次捕物余話
宇江佐真理

町方同心の下で働く伊三次は、事件を追って今日も東奔西走。江戸庶民のきめ細かな人間関係を描き、現代を感じさせる珠玉の五話。選考委員絶賛のオール讀物新人賞受賞作。（常盤新平）

う-11-1

紫紺のつばめ
髪結い伊三次捕物余話
宇江佐真理

伊勢屋忠兵衛からの申し出に揺れるお文。伊三次との心の隙間は広がるばかり。そんな時、伊三次に殺しの嫌疑が。法では裁けぬ人の心を描く人気捕物帖、波瀾の第二弾。（中村橋之助）

う-11-2

文春文庫

時代小説

（　）内は解説者。品切の節はご容赦下さい。

自来也小町　宝引の辰 捕者帳
泡坂妻夫
蛙一匹百両の絵が消えた……。あれよあれよと値の上がる吉祥画を専門に狙う怪盗・自来也小町。珍事件に蠢く影は？ 辰親分の胸のすく名推理！ 妙趣あふれる名品七篇。（細谷正充）
あ-13-9

凧をみる武士　宝引の辰 捕者帳
泡坂妻夫
小判を背負った凧の謎……表題作ほか、「とんぼ玉異聞」「雛の宵宮」「幽霊大夫」の全四篇を収録。江戸情緒溢れる事件に、お馴染み神田千両町の辰親分が挑む。（長谷部史親）
あ-13-10

朱房の鷹　宝引の辰 捕者帳
泡坂妻夫
将軍様の鷹が殺された。ご公儀の威光を笠にきた鷹匠に対する庶民の恨みと思いきや……。表題作ほか「笠秋草」「面影蛍」など全八篇。江戸情緒満載の人気シリーズ第四弾！（寺田博）
あ-13-11

壬生《みぶ》義士《ぎし》伝《でん》（上下）
浅田次郎
「死にたぐはねえから、人を斬るのす」――生活苦から南部藩を脱藩し、壬生《みぶ》浪と呼ばれた新選組の中にあって人の道を見失わなかった吉村貫一郎。その生涯と妻子の数奇な運命。（久世光彦）
あ-39-2

手鎖心中
井上ひさし
他人を笑わせ、他人に笑われ、そのために死ぬほど絵草紙作者になりたいと願っている若旦那のありようを洒落のめした直木賞受賞作に加え、「江戸の夕立ち」を収録。（百目鬼恭三郎）
い-3-3

おれたちと大砲
井上ひさし
おれたち五人は黒手組。といっても、みんなぼうふらのような存在だが、時は幕末、将軍さまのピンチだとばかり、恐るべき大計画をひっさげて立ち上がったのだ。（百目鬼恭三郎）
い-3-5

文春文庫

松本清張の本

（　）内は解説者。品切の節はご容赦下さい。

疑惑
松本清張

二十五も年上の夫に多額の保険をかけ、車ごと海に沈めたのは稀代の悪女〝鬼クマ〟と断定する地方紙記者。非難の渦中で国選弁護人が一人奮闘する推理サスペンス。「不運な名前」を併録。

ま-1-67

彩り河（上下）
松本清張

ロックの鳴り響く真昼の映画館で高級クラブのママが殺された。追うように自ら縊死した商社社長。ライバルだった元役員と業界紙記者が財界・金融界の腐敗の構造をあばく大型推理。

ま-1-69

形影　菊池寛と佐佐木茂索
松本清張

文藝春秋を創り育てたコンビ――文壇の大御所菊池寛と彼を支えて経営に辣腕を揮った佐佐木茂索。菊池の影響を自認する著者が二人の足跡を辿り、その人と作品を捉え直す評伝。

ま-1-71

霧の会議（上下）
松本清張

イタリアの銀行頭取がテムズ川の橋に吊るされた。怪死事件を目撃した日本人――留学中の助教授と美しき人妻がマフィアに追われるスリルとサスペンスあふれる長篇推理。（徳岡孝夫）

ま-1-74

西海道談綺〈新装版〉（全四冊）
松本清張

密通を怒って上司を斬り、妻を廃坑に突き落として出奔した男の数奇な運命。直参に変身した恵之助は隠し金山探索の密命を帯びて日田へ。多彩な人物が織りなす伝奇長篇。（三浦朱門）

ま-1-76

詩城の旅びと
松本清張

一通の投書から新聞社主催の南仏国際駅伝計画が動き出す。仕事に賭ける男のロマンと投書したOLの秘かな狙いが交錯。詩情あふれるプロヴァンスを舞台に苛烈な人間ドラマが……。

ま-1-81